足球训练基本理念

刘夫力 著

北京体育大学出版社

策划编辑：赵海宁　史仲华
责任编辑：赵海宁
责任校对：韩培付
版式设计：杨　俊

图书在版编目（CIP）数据

足球训练基本理念 / 刘夫力著. -- 北京 : 北京体育大学出版社, 2022.1（2022.4重印）
ISBN 978-7-5644-3597-4

Ⅰ. ①足… Ⅱ. ①刘… Ⅲ. ①足球运动－运动训练 Ⅳ. ①G843.2

中国版本图书馆CIP数据核字(2022)第008551号

足球训练基本理念
ZUQIU XUNLIAN JIBEN LINIAN
刘夫力 著

出版发行：北京体育大学出版社
地　　址：北京市海淀区农大南路1号院2号楼2层办公B-212
邮　　编：100084
网　　址：http：//cbs.bsu.edu.cn
发 行 部：010-62989320
邮 购 部：北京体育大学出版社读者服务部 010-62989432
印　　刷：北京昌联印刷有限公司
开　　本：710 mm × 1000 mm　1/16
成品尺寸：170 mm × 228 mm
印　　张：12
字　　数：181千字
版　　次：2022年1月第1版
印　　次：2022年4月第2次印刷
定　　价：68.00元

（本书如有印装质量问题，请与出版社联系调换）

前　言

如何构建足球训练理念是每个谋求足球发展的国家都必须积极面对的问题。一个国家的足球运动只有拥有了先进的训练理念，才可能走上健康发展的道路。

我国足球曾经几度励精图治，但在理论思维上没有形成认识的高度，对足球本质、规律及一些基本概念的认识都出现过偏差。由于认识的欠缺导致没有形成先进的训练理念，造成了足球训练实践的低水平和竞技实力的落后。

有学者认为："我国足球落后的主要原因是训练理念落后""足球青少年阶段的训练质量决定职业阶段的竞技能力，中国足球与世界的差距是落后训练理念与先进理念抗争的结果""足球训练理念先进或落后反映的是对训练本质和规律认识的深入或肤浅，决定着教练员的素养及训练内容和方法选择与运用的合理性，最后决定训练的质量"。这些答案都经过了深度的理性思考，是对我国足球落后现状的概括性总结。

足球训练理念问题的重要性可以从诸多的成功案例得到证明，但我国在先进理念的探索始终处于曲折徘徊之中。足球问题并不复杂，过去出现认识上的偏差，原因是我们把足球问题看得过于简单。无论是德国、荷兰、西班牙、法国等世界一流足球强国，还是日本、韩国等亚洲一流足球强国，都在不断深入探讨"足球是什么"或"足球本质"的问题，他们对足球问题的研究精益求精，值得我们借鉴。从国家整体到训练个体，足球理念可谓包罗万象，但是我们必须要懂得：足球训练理念的探索要认识其事物本质，抓住其主要矛盾。

本著《足球训练基本理念》的八章内容始终围绕核心层面的理念问题，并在众多训练理念中选择重要的内容加以讨论。第一章对“足球本质”的探讨，是借鉴国外足球本质探索的经验，以逻辑推导的方法定义足球本质，并以定义足球本质作为全著的逻辑起点；第二章对“足球概念与足球训练”的探讨，是在确立足球及足球训练概念的基础上，探讨足球训练三个层面规律的问题，说明足球发达国家是从整体到细节都在努力遵循足球规律；第三章对“足球训练基本概念”的探讨，是对国际通用的八个足球基本概念的解读和诠释，以形成对这些概念要义和内涵的正确理解，这是足球训练基本理念的认识基础；第四章“足球训练基本理念”是全著的焦点，依据对足球本质及一系列概念的重新认识，结合我国现实的足球训练需要，推导出足球训练宏观层面、核心层面和操行层面的基本理念内容。后四章为“现代足球发展趋势”“比赛阵型与战术打法”“比赛基本要素”和“比赛攻守原则”，都属于足球训练基本理念的范畴，本著紧密围绕国际上普遍重视的四个大主题展开讨论，以期从不同视角和层面揭示足球训练的规律，侧重解决对足球训练的基本认识问题。

本著从足球发展的根本问题入手，总结和归纳了国内外普遍重视的基本概念、规律性原理及有思想深度的经验。著者希望，通过在著述中融入更多优秀思想的精华，形成有高度的足球训练理念，促进中国足球理论思维的突破，实现足球训练理论与世界先进理念的全面接轨。

刘夫力

2021年12月12日

目录 Contents

第一章 足球本质

足球本质的认识问题是足球训练的根本问题，是足球训练理论体系构建的逻辑起点。足球训练的基本概念、基本理念与基本方法等一系列问题的探讨，都源于对足球本质的认识和推导。一般理论上探讨的“足球是什么”的问题，指的就是“足球本质是什么”。

提出足球本质的问题，很多人会不以为然，甚至认为是故弄玄虚。事实上，我国足球出现的很多错误和偏差，例如：校园里大行其道的“足球操”“足球舞”“足球保龄”，青少年训练过于偏重单纯的技术练习，职业队准备期训练连续半个月每天“万米跑”等，根本原因就是对足球本质缺乏认识。以上几个典型的案例，折射出我们的足球训练长期缺乏正确理念的支撑，从基层业余队到职业队，背离足球本质的做法已经司空见惯和习以为常。我们必须承认这是“整体性的道路迷失”，这种迷失目前有局部的纠正，但更大范围的基层足球仍在继续。

如果不能形成统一的对足球本质的正确认识，以及建立科学和符合发展需要的足球训练理念，我国的足球发展仍然会出现偏差和曲折，势必会继续落后。本著命题为“足球训练基本理念与基本方法概论”，其基本理念的探讨是以对足球本质及一系列基本概念的认识为基础，而整个理论体系构建的逻辑起点是对足球本质的科学定义。

第一节　足球本质探索综述

足球本质探索综述是通过阐述历史上有代表性的对足球本质的探索，了解人们对足球本质认识由低级到高级的发展过程，是为足球本质及其他一系列问题的探讨做铺垫。综述包括欧美各国足球本质探索概述、我国足球本质探索概述及著者的足球本质探索，是从不同角度和侧面考察足球本质，主要是借助对典型历史事件及人们对足球本质认识的变化来阐述问题。每个标题所述的观点可能不够全面和客观，但大家可以从不同的视角看到人们对足球本质探索的执着及所做出的努力，这些是我们进行足球本质探索的重要支撑。

一、欧美各国足球本质探索概述

欧洲是现代足球的发源地，欧美国家长期以来始终是足球运动盛行，并且足球文化底蕴深厚。了解欧美各国有关足球本质的探索与认识发展，是我们足球训练理论研究打开眼界及形成正确认知的重要前提。这一综述包括三个议题，即从典型案例透视欧洲国家的探索、欧美国家有关足球本质的阐述及足球本质探索的殊途同归。

（一）从典型案例透视欧洲国家的探索

欧洲国家的足球发展并不是直线上升的，也出现过对足球本质认识含混的时期。在20世纪60年代及此前的相当长时间，欧洲很多国家的足球训练与实战对抗[1]是脱节的，单纯的技术练习占据着过大的比重[2]。20世纪70年代末期，联邦德国一位足球专家曾经来中国讲学，他的大强度体能训练完全脱离足球的间歇训练方法，在今天看来其理论和方法示范是完全错误的。1985年全攻全守打法的创造者米歇尔斯，通过对荷兰青少年训练的考察得出结论，就是多数教

[1]　实战对抗，是一种意思宽泛的足球专业术语，指比赛中那些激烈对抗的场面，但很多时候是指训练中的实战练习像真实比赛那样的对抗程度，本著的多数情况是后者。

[2]　比尔·莫瑞. 世界足球史话[M]. 郑世涛，译.北京：光明日报出版社，1998：33.

练员的训练是把重点放在了与实战对抗脱节的技术练习上。米歇尔斯的改革方案是把青少年训练变成小型比赛主导的形式，让队员在实战中观察进攻目标的同时练习技术，由此确立了以比赛实战为核心的训练理念[1]。从20世纪50年代至80年代，英国、德国等国家有过长期的“直接打法”与“控制球打法”的争论。以英国为例，从1950年至1958年几次参加世界杯，每每看到巴西队以卓越的技术表现成为大赛的主角，他们备受刺痛的同时也深受启发，经过之后二十年的争论及拉锯博弈，到20世纪80年代中后期才形成“控制球打法”的基本理念[2]。到今天原来采用长传进攻的英国、德国、比利时和瑞典等欧洲国家，自上而下再难看到“直接打法”的比赛了。以上事例说明，对于足球本质及其规律的认识是渐进的过程，而且足球是不断发展变化的，对于足球本质、足球理念的探索是永恒的课题。

（二）欧美国家有关足球本质的阐述

进入20世纪70年代以后，欧美国家的足球发展走上了快速的轨道。他们对足球本质的认识有很多共识性的精妙概括，例如：“学习踢球好比学习汽车驾驶，必须在真实的道路上完成”“足球采用过多非实战性的技术练习，就好比在陆地上学习游泳”“比赛是训练的最好导师，也是训练最基本的形式”“足球训练必须在符合比赛需要的前提下进行其内容与方法的设计”[3]等。他们还总结出符合足球规律的比赛原则、训练取材、训练要素、基本功构成等训练方法学的原理与要点。这些充分反映出他们已经清楚地认识到足球本质是什么，他们是在遵循着足球规律进行训练。国际大赛的表现和成绩可以证明：只有拥有先进的足球理念才可能走向辉煌的成功。欧美国家虽然拥有先进的理念与方法，但查阅他们以往出版的众多足球专著和教材，并没有关于足球本质定义的内容，这在理论构

---

[1] 范林根. 足球训练[M]. 杨一民，李飞宇，李连胜，译.北京：人民体育出版社，2002：1.

[2] 塞门·克里夫德. 巴西式足球训练法——著名巴西足球运动员独特技巧的培养[M]. 马冰，刘浩，唐峰，译.北京：人民体育出版社，2001：2.

[3] 卡尔·海因茨·黑德尔戈特. 新足球学[M].蔡俊五，译.北京：人民体育出版社，1988：12.

建的逻辑上是有缺陷的。在此一筹莫展之际，荷兰足协在1995年推出的《足球训练》的教材中，以“足球是什么”为标题，全面、深刻、详细地阐释了足球本质是什么的问题，中国足协于2002年翻译出版了这部教材。

（三）足球本质探索的殊途同归

根据对历史资料的研究，欧美各国近50年的足球发展基本没有偏离足球本质，也始终都在探索着建立各自的足球理念。很多欧美国家虽然没有做出足球本质的具体阐述，而且南美国家的足球理论远不如欧洲完善，但他们朴素的足球哲学与先进足球理念是相一致的，诸如“在对抗中熟悉球性和练习技术”“在比赛中认识真正的足球”[1]“要让队员在技术练习中看到比赛场景”[2]“与更多的训练相比，比赛是最好的训练方式”[3]等，这些提法都是直接与足球本质相对接的。所以无论是欧洲的德国、法国、西班牙、意大利、英国、荷兰，还是南美洲的巴西、阿根廷、乌拉圭、哥伦比亚，或是亚洲的日本、韩国、伊朗、沙特等国家，他们的足球之所以能够保持着健康的发展态势，之所以能够长期处于世界或亚洲的一流地位，肯定都是以先进的足球理念做支撑的。足球发展会受到一个国家的足球领导力、经济实力、传统根基、大众普及等因素的制约，但最根本的决定性因素一定是足球基本理念的正确。

二、我国足球本质探索概述

足球本质探索的目的是改变我们对足球的认知，回顾我们自己对足球本质的认识发展及其曲折过程，有利于引发大家的思考及建立正确的基本认识和观念，这对于我们进行足球训练基本理念与基本方法的探索是重要的。这一综述包括三个议题，即我国足球本质探索的历史回顾、我国足球本质探索的曲折前

---

[1] 维尔·库柏.攻击型足球训练——足球基本技术训练指南[M]. 赵振平，译.北京：人民体育出版社，1988：6.

[2] 卡尔·海因茨·黑德尔戈特. 新足球学[M]. 蔡俊五，译.北京：人民体育出版社，1988：18.

[3] 应虹霞. 日本足球的明治维新[M]. 杭州：浙江古籍出版社，2012：125.

行及我国对足球本质认识的转折。

（一）我国足球本质探索的历史回顾

我国在历史上长期是亚洲的一流足球强队，这一点从新中国成立前参加诸多国际比赛的战绩可鉴。进入20世纪80年代，我国足球队也仍然保持着亚洲强队的实力。20世纪90年代我国足球堕入了亚洲二流球队的行列，其原因虽然是多方面的，但根本原因是足球理念落后，是对足球本质的认识出现了偏差。我国足球在20世纪50年代有过快速发展的时期，但客观地讲，当时的发展是现象性的，不是理念先进而带来的质的飞跃[1]。那时我国采用苏联和匈牙利的方法体系，从历史留下的文字资料[2]对比可知，我们当时学到的不是先进的理念与方法，却把相对落后的方法体系当作经典沿用了几十年。借鉴欧美国家足球发展的历史经验，我国出现足球认识上的偏差也属于正常现象，但不正常的是纠正错误的时间跨度过长，理念落后却仍然自以为是和故步自封，结果造成了长期的落后和积重难返。

我国足球发展的曲折还有一个各行各业共同的社会历史因素影响，由于国际政治与国家根本利益的纠葛，新中国成立之后足球长期与世界大家庭相隔离，加上“文化大革命”时期的社会动荡，足球发展一直处于内外交困之中。而国际足坛刚好从20世纪50年代进入了发展的大时代，这几十年的足球思潮一浪高过一浪，足球训练理念在不断更新，这也进一步拉大了我们与欧美先进足球理念的距离。

（二）我国足球本质探索的曲折前行

从20世纪80年代中期开始，我国翻译出版欧洲国家的足球图书渐渐增多，也不断有国外的足球专家来华做培训，很多专家都提到了足球理念的重要性。但我们当时处于足球认识的肤浅阶段，阅读图书和参加培训更专注于训练方法的总结，不重视对先进理念的理解和诠释，结果学习和掌握的是训练表层的简

---

[1]　马克坚. 夹心饼干——对足球训练的探索与思考[M]. 天津：天津人民出版社，1998：64.

[2]　据笔者考证，我国改革开放以前的足球训练教材主要是翻译的苏联的，有多种版本，也有很多翻译的内部文献资料。

单操作，而对足球本质及其原理却缺乏认识。1994年中国足球职业化改革之后，欧美外教纷纷来华执教职业俱乐部球队，外教们更直观地展现了他们的训练理念与方法。但由于我们思维高度和认知能力的局限，当时众口一词地认为外教并无高明之处，仅仅是方法多一点而已。这种狭隘和肤浅造成了我们认识与先进足球理念之间的鸿沟，而认识的浅薄又加重了盲目自信和自以为是，误认为自己已经掌握了足球训练的规律与原理。结果出现技不如人，我们就简单地归结为技术训练不足，体能出问题就单纯地从体能训练上找出路，所谓头痛医头，脚痛医脚。历史上出现过国家队训练“ABC”、大赛准备会集体唱国歌这类或过或不及的做法；还有过国家队只打“防守反击”、职业队提出“抢逼围”这些简单粗糙和缺乏逻辑的战术打法设计。虽然有的战术打法取得了短时的成效，但实际上与先进足球理念是格格不入的。那一时期我们对足球训练的认识水平整体性偏低，没有形成对足球本质及其规律的正确理解，所以训练理念和战术打法落后是那个时代的必然。进入21世纪，我们开始接受国外先进的足球理念，渐渐认识到客观存在的差距和不足，也意识到构建足球理论体系的重要及其任重道远。

（三）我国对足球本质认识的转折

1999年10月开始，荷兰足协讲师团来华连续举办足球教练员讲师培训，这是我国足球界全面、完整地接受和领悟现代足球先进理念的契机。培训以“足球是什么”为题深入浅出地解释了足球本质的问题，而且对现代足球理念做了全面、透彻的阐述和分析，同时以训练示范演绎了他们的理念及若干个训练主题。荷兰足球理念及其认知高度是世界公认的，荷兰讲师团汇集了当时荷兰顶级的精英讲师，他们的理论课讲授“逻辑严谨、层次清晰”，训练课演绎“方法独到、过程精彩”。这次讲师培训得到了一致的好评，更重要的是大家心悦诚服地达成了对荷兰足球理念的一致认可。培训聚集了当时国内足球界的精英，在我国足球界影响巨大，也大大加快了我们足球认知上的觉醒。培训被认为具有里程碑式的意义。其重大意义在于：培训使我们意识到以往对足球认识的错误和偏差，认识到长期以来训练中存在的问题和不足，也看到了未来足球发展的方向及学习先进足球理念的重要性，这是我国对足球本质认识的重要转折。但遗憾的是直到今天这些先进的思想、理念与方法并没有得到大范围的普及，我们更多的基层教练员和中小学体育教师，甚至高校专业足球教师的思想与方法仍处于落后状态。

三、著者的足球本质探索

本著主要是从著者本人的认知角度阐述和分析问题，著者本人对足球训练理论问题的探索过程，基本也是个人认识提高、观点形成及专著构思的过程，相信著者的足球训练理论探索具有一定的代表性。而且从个人角度追溯和分析历史，是感性和直观认识历史的方法，著者阐述个人的探索过程是希望唤起大家更多共同的记忆，能够达成更多的共识及对整个专著起到一定的支撑作用。这一综述包括三个议题，即足球本质探索的懵懂时期、理论思维形成与足球本质初探及足球本质探索与本著构思形成。

（一）足球本质探索的懵懂时期

著者自1981年考入沈阳体育学院开始系统学习足球训练理论知识，其间多次到辽宁省体育运动技术学院的“南湖大院”看匈牙利专家拉斯洛的训练，也赶上电视开始转播各类大型国际足球赛事。“南湖大院”是诞生过“十连冠”辽宁队的地方，当时一般认为“南湖大院”的足球训练是至高无上的。但我实际看到的却是我国教练的训练与拉斯洛的训练存在明显的差距。著者1985年毕业后在基层体校担任少儿足球教练，那时候国内的足球图书屈指可数且内容雷同。20世纪80年代中后期，国外的足球图书和专业信息开始传入我国，令我印象较深的图书包括联邦德国海因茨所著的《新足球学》、荷兰库柏所著的《攻击型足球训练——足球基本技术训练指南》、英国休斯所著的《足球战术与配合》、法国戈海洛所著的《现代足球的技术、配合与训练》等，这些足球强国的图书与我们以往的图书截然不同。1987年《体育参考报》以连载形式系统报道了克鲁伊夫在巴萨的训练理念，另外还有一套风行一时的联邦德国《青少年足球训练法》的录像。此间做专职足球教练的5年，著者还目睹了国内足球训练颇有成就的典型案例，就是大连王长泰教练在与著者同期、同步带队的条件下，取得了队员培养和比赛战绩的巨大成功[1]。通过图书阅读、带队训练、比赛观察及成功案例考察，著者确认足球训练依照我们原有的知识体系和经验是远远不够的，但当时认为足球训练主要是方法问题，主要精力也用在了训练方法的总结与方法体系的构建方面，思考还没有达到学习和借鉴国外训练理念的高度。

（二）理论思维形成与足球本质初探

著者20世纪90年代先后攻读硕士研究生、博士研究生及在广州体育学院担任足球教师，此间更广泛地阅读了足球图书和科研期刊，也参与了很多足球训练实践和理论研究工作。其中很重要的是我学习了体育科研方法，形成了对足球训练进行科学探索的技能。这期间翻译出版的欧美足球图书种类繁多，相应地也促成了著者图书阅读、理论研究与训练实践并行的立体探索。此阶段的前期，图书阅读是著者获取足球知识和形成思想观念的主要依托，其中代表性的图书包括荷兰考沃尔所著的《未来球星之路——青少年现代足球训练与技术图解》，英国休斯所著的《足球获胜公式》《足球战术与技巧》，亚洲足联编著的《亚洲足球教练员培训教程》（三册），英国埃佛雷德所著的《科化足球训练法》（两册）等。虽然一些图书翻译得不够细致，阅读理解大费周折，但这些阅读打破了著者以往的训练认知和思维方式，也强烈地感受到，中国足球必须突破原有的理论思维而建立先进的训练理念。1997年借助中国足协甲A队春训调研的机会，著者设计了一份专家调查问卷，其中内容之一是对足球本质的专题调查，但当时国内专家普遍认为这一问题的研究意义不大，反馈意见严重打击了著者继续研究的积极性，对要不要研究足球本质也曾一度陷入迷茫。

---

[1] 王长泰从1985年组建大连少年女足队，这批队员先后8人入选国家队，球队取得国内联赛冠军，由这批队员组建的国家队在很多国际比赛上取得优异成绩。

（三）足球本质探索与本著构思形成

著者从哲学书籍的阅读中得到启示，就是任何科学的理论体系构建都要首先建立正确的基本概念，而建立概念一定要经过对事物本质的探究。由此在确立了足球本质研究之必要性的同时，著者也清楚地意识到足球理论探索是一项艰辛和持久的事业。足球本质的探索并不是空洞的理论推导，必须以训练实践和科学实验为基础，必须经过大量的调查及理论与实践的对接。当然，理论探索的捷径还是阅读最新的前沿成果和接触最顶级的理论大家。著者在训练经验总结和以往阅读的基础上，初步构建了一套自己的训练理念与方法体系，并以创办业余青少年俱乐部和参与职业队训练作为实践的平台，以求在学习与实践并行的总结中不断丰富和完善理论构思。从2000年开始，著者高度密集地参加了二十多位欧美专家和国际足联讲师的培训，其中包括中国足协举办的A级教练员培训、职业教练员培训、各级教练员讲师培训、校园足球讲师培训及荷兰讲师团的教练员讲师培训等。2009年著者加入了中国足协教练员讲师团队，就是在那时候构思了本部专著的写作架构。

完成一部有较高学术价值专著的构思与写作，不仅需要获取前沿足球信息和学习国外先进经验，也要对诸多理论命题及不同观点做整合处理，还要把自己设计的理念和方法与训练实践相对接，每一个环节的工作都是极其复杂和艰苦的过程。例如：对我国足球训练历史反思的调查，著者接触了20世纪60—90年代的数十位国家队队员，也包括辽宁队“十连冠”时期的十几位队员及当时的很多一线著名教练。再如：从2008年开始，著者坚持每周三次到基层中小学做青少年足球培训，以此验证自己的训练理念与方法。所以，理论探索要达到相对理想的高度一定不是简单的事情，必须打破重规累矩及形成令人信服的具有创新意义的独到见解。著者对于足球本质的探究还是得到很多学者的声援，特别是荷兰足协编著的《足球训练》教材，谷明昌教练的《足球是什么》专著，曲晓光教授编著的《现代足球训练理念诠释与应用》教材，他们有关“足球是什么”和“真正足球”问题的阐述和专题研究，是本著足球本质问题立论的最好铺垫。当然，本著对足球本质问题的探讨，仅是“足球训练基本理念与基本方法概论”的内容之一。

第二节 足球本质的定义

认识事物的本质是任何事物理论探索所必行的第一步，对足球训练基本理念与基本方法的探讨同样首先要认识足球本质。我们对足球本质的认识，无论是历史上还是现实中都存在一定的问题和偏差，而且现实的训练工作中大量地存在与足球本质相背离的做法。如果不能正确定义足球本质及取得统一的认识，我国足球发展会继续走弯路和遭受挫折。这一节是采用逻辑推导的方法给足球本质重新下定义，再阐述足球本质与训练实践相对接的意义及其对接方法，并全面分析足球本质与足球特征的关系，说明足球本质探索既是一个阶段性的课题又是一个永恒的命题。

一、足球本质定义的逻辑推导

定义事物本质的基本方法就是逻辑推导和科学抽象，要准确无误地给足球本质下定义必须采用这样的方法。但与此同时我们还可以学习和借鉴其他行之有效的方法，学习足球发达国家先进的理论和经验，及借用他们已有的有关足球本质的研究成果和阐述。这里足球本质定义的逻辑推导是综合地运用已有的研究成果，逻辑推导分为四步，即确定判别足球本质的基本标准、按照标准筛选属于足球本质的阐述、足球本质阐述的分类和重组及根据专家调查给足球本质下定义。

（一）定义足球本质的引论

在我国开展足球本质问题探讨是尤其重要的，这是因为我国的足球训练实践长期处在偏离足球本质的状态。任何事物的本质仅仅根据现象做简单判断都容易出现错误和偏差，对事物本质的探究一定要经过严格的逻辑推导和科学抽象的过程[1]。国际国内以往很多相关的研究和阐述，是我们探索足球本质的重要线索和依据。国外具有代表性的阐述是荷兰足协编著的《足球训练》教材中“足球是什么”的内容[2]。对欧美国家的足球本质阐述我们必须抱以虚心的态度，因为欧美一直处于足球技术和理论创新的绝对领先位置。国内很多教材也都阐述了足球本质的问题，其中谷明昌教练在《足球是什么》的专著里以大量的数据和逻辑推导表明了其阐述的科学性。但是任何事物本质的定义都需要反复做推断，需要根据不同时期事物发展变化的情况而重新考证。

（二）足球本质定义的逻辑推导

虽然任何事物的定义都必须经过严密的逻辑推导和科学抽象，但人们对各种事物定义的认知高度和研究程度是有不同的，所以探讨一个事物定义又有着各自不同的逻辑起点和步骤流程。本著对足球本质定义的逻辑推导，是以一般事物共有的本质属性及其特征为逻辑起点，将足球本质定义的逻辑推导分为四个步骤（见图1–1）。

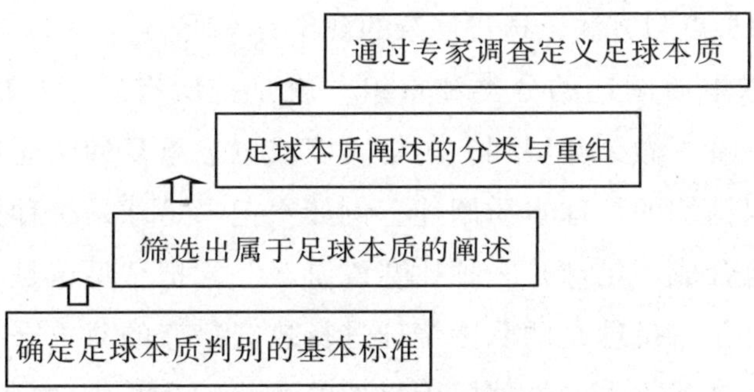

图1–1　足球本质定义的逻辑推导步骤

其一，确定足球本质判别的基本标准。作为事物本身或本来的形体，指事物本身所固有的根本的属性的本质包含三层含义：是事物中常在的不变的形

[1]　刘大椿. 科学技术哲学导论[M]. 北京：中国人民大学出版社，2005：159.

[2]　范林根. 足球训练[M]. 杨一民，李飞宇，李连胜，译.北京：人民体育出版社，2002：1-4.

体；是事物的根本或固有的性质；是某事物区别于他事物的基本特质[1]。其根本点是事物的内部联系，由事物的内部矛盾所构成。其具体表现是一个事物的本质不是只有一个，同一类事物的不同主体的本质可能是不同的，本质会随着各种内外条件的变化而变化[2]。以上有关本质的阐述适用于所有事物的本质，所以，可以作为足球本质逻辑推导的原点，这也同时规定了足球本质判别的基本标准及其所具有的差异性和可变性。

其二，按照标准筛选属于足球本质的阐述。就是对国内外所有以往和最新有关足球本质的阐述，都按照足球本质的基本标准做判别，选出属于足球本质的阐述。其中本质属性与本质特征有着逻辑层次差异，在很多阐述中是被混淆的，这需要按照每一条标准做综合考证，如此舍弃不属于足球本质的阐述。足球是一个直观动态、反反复复呈现的外在事物，既有纵向上的发展变化，即技战术水平的不断提高、社会影响越来越大及经济功能和教育功能日益增强等，也有横向上的相互联系，即世界各国足球发展的信息、经验的相互渗透及比赛和技术的相互交流等，其中包括对足球本质和训练理念探索的进展情况。这一筛选过程其实是在运用唯物辩证的观点与方法，透过复杂的现象看本质。

其三，足球本质阐述的分类和重组。就是把所有属于足球本质的阐述及有关的概括和隐喻等做分类罗列，再把文字或意思重复的阐述进行取舍和重组处理，如此提取精练的足球本质阐述，例如：把“足球是一种比赛”和“足球是一种游戏”组合成“足球是一种比赛或游戏”，把“足球是一种以脚支配球为主的体育项目”“足球是两队围绕球进行攻守争夺的双方同场对抗竞技的比赛”“足球是以将球攻入对方球门为目的的游戏”合并成“足球是一种以脚支配球为主，两队围绕球进行攻守争夺，以将球攻入对方球门为目的的双方同场对抗竞技的比赛或游戏”，把“足球是一个产业项目”和“足球是一种社会文化”组合成“足球既是一项产业又是一种文化”等。

---

[1] 谷明昌. 足球是什么[M]. 北京：北京体育大学出版社，2012：22-23.

[2] 邬焜. 自然辩证法新教程[M]. 西安：西安交通大学出版社，2009：79.

其四，根据专家调查定义足球本质。为了保证足球本质定义的科学性和严谨性，最后通过专家调查的方法给足球本质下完整的定义如下：足球是一种比赛或游戏，是以脚支配球为主，两队围绕球进行攻守争夺，以将球攻入对方球门为目的的双方同场对抗竞技的比赛或游戏，它既是一项产业又是一种文化。这里需要提示一点，足球本质定义里的一部分文字直接来源于国内出版的教材，带有一定的中国特色，例如："以脚支配球为主""双方同场对抗竞技"等文字内容，这些是对国外所定义"足球是一种比赛或游戏"的补充。做此补充是针对我国足球训练实践严重背离足球本质的现状，以利于大家重新认识足球本质。这些补充的文字阐述无论从哪一个标准考察都属于足球本质的范畴，是我国现阶段足球本质阐述应当包含的内容。

二、足球本质与训练实践的对接

对足球本质的认识最重要的是达到认识与实践的统一，即运用对足球本质的认识形成正确的理论并指导足球训练实践。这里首先要明确什么是训练学意义的足球本质，其次简要介绍足球本质与训练实践对接的基本方法，其中包括适用于业余足球训练的简单对接和带有专业训练性质的系统对接，最后简要介绍足球训练理论与方法的系统构成。

（一）训练学意义的足球本质定义

本著是以足球训练为中心展开一系列问题的探讨，足球本质定义也仅限于足球训练学的范畴。"它既是一项产业又是一种文化"显然没有训练学意义，所以训练学意义的足球本质定义是：足球是一种比赛或游戏，是以脚支配球为主，两队围绕球进行攻守争夺，以将球攻入对方球门为目的的双方同场对抗竞技的比赛或游戏。可见训练学意义上的足球本质，描述的就是足球训练这一事物常在不变的形体和区别于其他事物的基本特质，是足球训练理论体系构建必须澄清的问题。此时我们可以试想，如果足球训练与这种形体和特质不相符，则势必偏离或背离足球的本质，训练必然会走向失败，所以这是组织训练工作必须解决的根本性的认识问题。但即便是认识和了解了足球本质，也仅仅是一个正确的开始，因为足球训练是一个复杂、艰辛和带有规律性的过程，我们必须按照训练规律及科学的训练原理与方法来驾驭训练。因此足球本质定义要与训练实践相对接，还需要探索科学的训练原理与方法。

（二）足球本质与训练实践的简单对接

事实上，训练实践与足球本质有很多简单和直接的对接方法，比如："足球是一种比赛或游戏"是一个世界性的共识，也是足球本质对接训练实践的首要问题。其实只要把握住这种"比赛或游戏"的构成要素及其组织方法，那么无论是俱乐部训练还是开展校园足球活动，具体对接就是把比赛或游戏放到首要和核心的位置，而不是把"足球舞""单纯的技术练习"等作为主要内容。欧美国家足球训练以比赛实战为核心的理念，就是把更多足球实践与比赛或游戏对接。我们的训练实践与足球本质相脱离的问题，关键在于对"足球是一种比赛或游戏"这一本质的认识存在不足，例如：我们会以追求组织有序或由易到难为理由，而背离"以脚支配球为主"的本质。例如：我们校园足球广泛开展的"足球操"。再如：教练员培训示范采用用手传球的练习等。其实，足球之所以深受广大群众的喜爱，其原因之一是足球活动易于开展、门槛低和娱乐性强，即便是没有足球基础的三岁孩子，只要对其做简单的引导，就可以直接体验真正的足球。所谓组织有序和由易到难是一种错误的观念，实际上，比赛或游戏过程是一种有章法的动态有序状态，而用手代替用脚的由易到难则是牵强附会。在长期的足球训练过程中，偶尔有一次用手完成的练习是无可厚非的，但是作为一个经常性的活动和教练员培训的示范，这种做法就是对足球本质的背离，是落后和必须否定的做法。

（三）足球本质与系统训练的对接

组织一项长期系统的足球训练工作，其足球本质与训练实践的对接一定是复杂的，远不像大众普及性足球活动那么简单。系统的训练需要对足球训练规律及其原理与方法有很好的把握，这种训练实践与足球本质的关联显然不是直接的，需要在了解足球本质及项目特征的基础上，学习和掌握诸多基本概念，需要形成先进的训练理念和掌握科学的训练方法，这些也都是本著后续要探讨的问题。足球本质与系统训练的对接，其训练理论与训练方法体系也是更加复杂和细化的，比如按照队员成长阶段来划分，可以把训练分为启蒙阶段训练、初级阶段训练、中级阶段训练、高级阶段训练、职业阶段训练等；按照比赛基本要素构成来划分，可以把训练分为技术训练、体能训练、战术训练、心理训练和比赛训练等不同的体系。而且以上每一个细分的阶段或要素又都有其自身的规律、特点和方法构成，所以足球训练的理论与方法是一个庞大和复杂的系统构成。图1-2是摘要归纳的本著所要探讨的足球训练理论与方法体系的内容构成。

足球本质与系统训练的对接是足球本质探讨的目的，两者的对接主要是依靠教练员的操控，所以其实质是解决广大教练员的认识和训练操控的问题。中国足协组织系统的教练员培训及教育部组织的各种足球教师培训，都是为了解决这一问题。在此简要概括做好系统训练与足球本质对接的要点如下：其一，组织人力深入研究足球本质及一系列训练理念与方法问题，建立科学的足球训练理论与方法体系。其二，建立足球教练员业绩评估与评价的方法体系，制定针对广大教练员和足球教师的业绩奖励和优惠政策，使教练员的业绩与其晋级、工资、评先、奖金等挂钩，调动教练员参加培训和学习的主动性和积极性。其三，做好整体的足球发展战略的设计和舆论宣传，按照先进的理念和方法建立教练员培训与考核的制度体系，使广大教练员端正态度和统一认识。

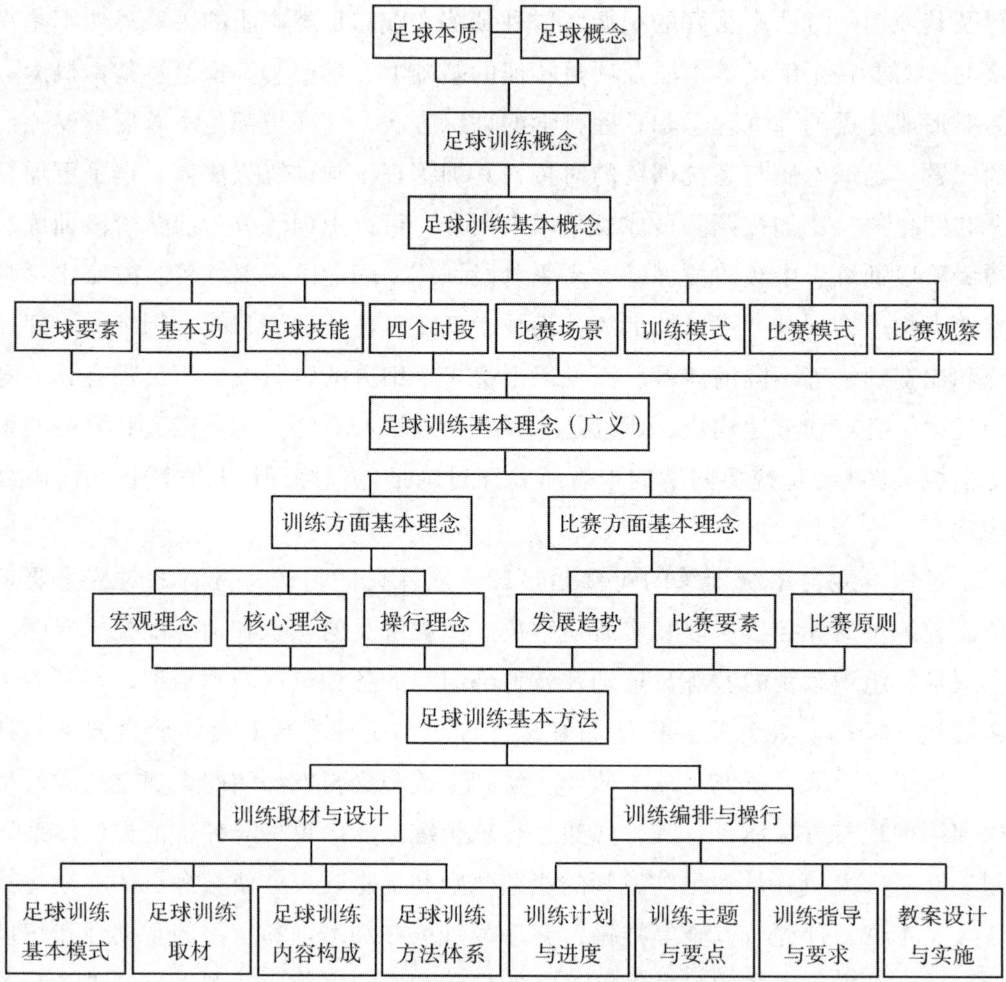

图1-2　足球训练理论与方法体系的内容构成

三、足球本质与足球特征的关系

足球本质与足球特征的关系的问题一直没有被明确地加以阐述，始终被人忽视和混淆，事实上两者之间存在着微妙的关系。在严格的理论意义上，我们应当对它们加以区分和界定，这样既利于形成对足球本质的清晰认识，也利于指导实践。在此我们把足球本质与足球特征存在的混淆及两者之间的关系进行分析和说明。

（一）足球本质与足球特征的混淆

足球本质的定义是一个容易被泛化或扩大化的“形体”，国际国内很多著述都存在这种被扩大的倾向，其中最主要的问题就是足球本质与足球特征界限含混。国外和国内的很多教材或专著在阐述足球本质的时候，同时把足球特征也连带在一起，例如：荷兰足协的《足球训练》教材第一章“足球是什么”的文字阐述之中，在首先肯定“足球是一种比赛”之后，更多阐释的是“自由成分”“复杂性”“流动性”“攻守争夺与对抗”“足球基本功”等问题[1]。荷兰人的这些观点阐述无疑是正确的，也使足球是怎么一回事得以更宏观地呈现。把足球特征作为对足球本质的解释，这是无可厚非的，但作为足球理论探讨，两者还是不同层次的问题。为了更加清晰、准确地认识足球本质是什么，这里把足球本质与足球特征加以界定和区分。本质是事物本身或本来的形体，是事物本身所固有的根本属性。对足球本质的认识，我们采用了严格的逻辑推导和科学抽象，推导过程虽然复杂，但足球本质本身一定是清晰和简单的。特征是客体特性的抽象结果，是用来描述本质或概念的[2]。足球特征是足球本质的外在表现，外在现象上的东西往往是复杂的、含混的，而足球训练过程则更为复杂和难以把握。

（二）足球本质与足球特征的关系

足球本质与足球特征的关系即是本质与现象的关系，它们是核心与外围、内在与外表、实质与表象等多重关系的综合。足球本质对足球特征起决定作用，没有足球的本质属性就不可能有足球特征的展现；足球特征是足球本质的外在显现，有了足球本质才有丰富多彩的足球特征表现。另外需要说明的是，

---

[1] 范林根. 足球训练[M]. 杨一民，李飞宇，李连胜，译.北京：人民体育出版社，2002：1-3.

[2] 邬焜. 自然辩证法新教程[M]. 西安：西安交通大学出版社，2009：98.

本著把足球本质与足球特征加以区分，也是为了理论体系的逻辑层次更加清晰。对足球本质问题的专题探讨，目的是要纠正我们对足球本质认识的偏差，为建立科学的足球训练理论体系提供支撑。但并不是否定其他著述有关足球特征的阐述，本著在后续章节也要对足球的基本特征做系统的归类和阐述。很多国外翻译过来的图书和我们自己出版的著作，都没有把足球本质与足球特征做严格的区分，而且把足球特征用于对足球本质的解释，这并不存在认识错误的问题，只是各自足球理论系统构建的思路存在不同。但是我们应当有自信，只要是符合逻辑和科学的理论推导和阐述，并不一定要按照国外或前人的思路和标准。

（三）足球本质探索的阶段性和永恒性

现代足球一百五十多年的发展历史已经给我们以启示，人们对足球本质的认识会存在历史局限性，而且随着社会发展、战术打法不断进步和竞赛规则逐步完善等，大家对足球本质一定会不断产生新的认识和理解。本著对足球本质所下的定义不是一成不变的，只是阶段性地解答了足球本质的问题，更不代表永远具有正确性和科学性。本著所定义的足球本质虽然经过严密的逻辑构思和设计，但最多是在一定时间和范围具有认识上的引领作用，而对于足球本质的探索是永恒的课题。本著把足球本质探讨作为全著之开篇和理论体系构建的逻辑起点，是希望大家在认识足球本质的同时，重视足球本质探讨的意义和建立一种正确的足球发展观。当然，足球本质问题的阐述和解释还需要更加通俗易懂，比如，荷兰人所说的“学习踢球好比学习汽车驾驶，必须在真实的道路上完成”，更利于让人深入浅出地了解什么是足球本质。还有对足球本质的认识并不一定要通过文字阅读和语言表述，一个教练员拥有正确的足球观及先进的训练理念和方法，那么训练过程就是最好的“足球是什么”的教育。成功的足球教育途径有很多，关键是基本理念与方法不能偏离足球本质。所以目前在中国需要加强对足球本质问题的研究和宣传普及，以纠正前期出现的偏差。

第二章 足球概念与足球训练

构建科学的足球训练理论体系首先要建立正确的足球概念。足球本质的探讨是为了更好地了解足球，同时也是建立正确足球概念所必需的。从训练学意义上讲，只有形成了正确的足球概念，才能依据概念做出各种判断及推导出足球训练的一系列下位概念，进而形成正确的基本理念和科学的训练方法体系，如此才能更好地驾驭训练过程。

足球训练是一门科学，我国的足球训练理论还远不够系统和完善，例如：我国至今没有形成自己的足球训练理念与方法体系，对很多训练问题的认识是处在低水平的泛化阶段。再如：我们一直没有拿出具有可操作性的青少年训练大纲，训练实践始终没有科学理论的支撑等。

从社会学意义上讲，足球兼而具有健身功能、娱乐功能、经济功能、文化功能等，在国际上，足球水平象征着一个国家的综合国力和荣誉。所以足球教练是备受关注的职业，各级各类足球训练已经形成各自的职业标准。当然，足球训练是一项专业性和技术性极强的工作，作为教练员需要积极面对足球训练的理论问题，其中，首先要了解足球训练过程的基本特征及其规律。本章分别以“足球概念及其基本特征”和“足球训练与足球训练规律”为两个节标题，概括性地探讨足球训练的一些基本问题。

第一节 足球概念及其基本特征

在明确了足球本质问题的基础上再探讨足球概念及其基本特征的问题，是希望大家能够建立一个全新的认知，并意识到我们以往对足球概念认识所存在的不足。以下足球概念及其基本特征的探讨是为了明确足球概念的理论核心地位及其支点作用，要通过足球比赛与足球游戏的界定及其相互关系探讨，反思我们以往对足球游戏认识上的偏差；关于足球基本特征的问题，包括从足球的整体描述到足球特征阐述，是从反映足球本质和反映队员比赛表现两个方面，分别阐述足球十个具体的基本特征。

一、足球概念

足球训练理论体系构建必须首先建立正确和清晰的足球概念，足球概念是我们形成足球训练基本理念和基本方法的必要前提。以下足球概念的专题阐述包括三个方面，即足球概念及其与足球本质的关系、关于足球概念的解读及从足球概念到足球理论体系构建。以上三个方面问题的分析，可以使我们更加清晰地认识到足球概念是整个足球理论建设的核心，也是其他各个层次概念、理念与方法形成的源头。

（一）足球概念及其与足球本质的关系

本著在前文已经经过逻辑推导对足球本质下了定义，其实前文所定义的足球本质已经做了文句修饰和训练学范畴的限定，按照由本质转化成概念的一般推导逻辑，前文的足球本质阐述基本等同于足球概念的阐述，这里可以从训练学意义上确定足球概念如下：足球是一种比赛或游戏，是以脚支配球为主，两队围绕球进行攻守争夺，以将球攻入对方球门为目的的双方同场对抗竞技的比赛或游戏。足球概念与足球本质是同质和共生共存的关系，两者都在表述足球是什么，只是足球概念侧重于表述对足球本体的主观看法，足球本质侧重于表述足球区别于其他事物的客观属性。为了更简化和清楚地说明足球概念与足球本质的关系，可以借助哲学中有关概念与本质关系的阐述。概念是反映事物本质属性的思维形式，是人们把所感知的事物的本质抽象出来加以概括。本质是事物本来的形体和本身所固有的根本属性，是某事物区别于他事物的基本特质。概念并不等同于本质，概念要对事物诸多本质属性加以逻辑重组和必要的修饰，但建立一个事物的概念必须经过对事物本质的认知过程[1]。可见，认识足球本质的意义之一是建立足球概念及判断概念正确与否，一旦形成了正确的概念也就认识了足球的本质，也就清楚了足球训练理论体系的逻辑起点，所以建立足球概念是足球训练理论体系构建的第一步。

（二）关于足球概念的解读

本著确定的足球概念并没有完全按照国外“足球是什么”的阐述，从概念内容可以看到，在遵循足球本质判别基本标准的前提下，概念阐述更符合我们认识足球及纠正以往错误做法的需要。诸如“以脚支配球为主”“双方同场对抗竞技”“两队围绕球进行攻守争夺”“以将球攻入对方球门为目的”等，都是既符合逻辑推导又可以满足我们更新认识需要的本质特征（见图2-1）。概念内容阐述既是科学和合理的，利于我们改变以往偏离足球本质的认识和所作所为，也是出于认识上“拨乱反正”的考虑。我国从事足球领导和训练工作的同仁，往往容易从现象中认识和了解足球，也就容易陷入经验的重复。本著重新思考和认识足球概念的问题，是希望对足球训练起到导向和引领的作用。一方面，在大众性的足球普及工作中，避免出现低级错误和不应有的偏差；另一方面，在足球训练理论体系构建和系统训练中，更方便地与下位概念及训练实践相对接。“科学概念的内容即是人们对于特定事物本质的认识，概念是逻辑思维最基本的单元和形式”“科学理论的完整体系是由概念及与这些概念相应的判断，以及用逻辑推导得到的结论组成的”[2]。换言之，科学地阐述一个事物的概念就等于道出了事物的本质，概念是科学理论体系构建的起点，任何科

[1] 邬焜. 自然辩证法新教程[M]. 西安：西安交通大学出版社，2009：77.

[2] 刘大椿. 科学技术哲学导论[M]. 北京：中国人民大学出版社，2005:181.

学理论都是通过概念而推导和演绎出来的。以上的哲学原理说明，建立足球概念是足球训练理论体系构建的起点，足球理论体系中相应的下位概念、理念与方法，都需要由足球概念做推导和演绎。

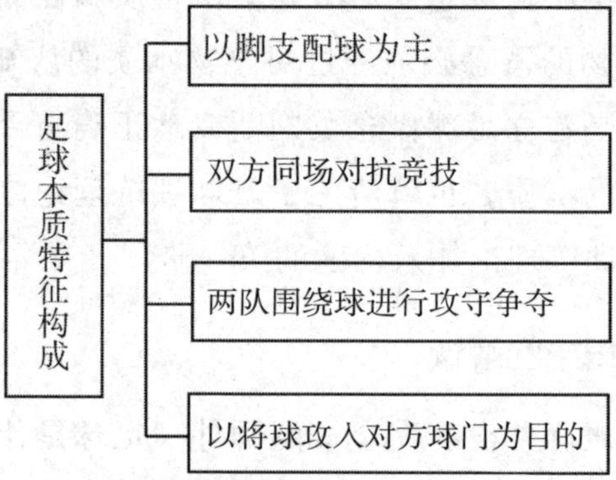

图2-1　足球本质特征构成

（三）从足球概念到足球理论体系构建

建立正确的足球概念是足球理论体系构建的基础和前提，但从科学概念到训练理论体系的构建，肯定要经过对诸多问题的判断和逻辑推导而形成一系列重要的认识，例如：关于足球基本特征的认识，一定是基于对足球概念中本质属性的认识和把握，抓住了“以脚支配球为主、同场对抗竞技和团队协同作战”的几个要点，才能推导和演绎出其他的基本特征及把诸多特征罗列成序。再如：对于“足球训练要素”这一概念的把握，六个基本要素：核心要素——球、目标要素——球门、团队要素——队友、对抗要素——对手、空间要素——场区和限制要素——规则，每一个要素都一定是在足球概念的辐射范围，受到足球概念的制约并与足球基本特征相一致。理论体系再往下的训练内容与训练方法，都离不开“足球训练要素”概念的限定与制约，同时还要兼顾“足球基本功”“足球技能”“足球训练模式”等概念及其再下位的概念，而这些概念一定都是源于足球概念的逻辑推导。在足球训练完整的概念与方法体系中，每一个具体概念与方法对于训练都非常重要。再以“足球训练要素”为例，如果不清楚训练要素的概念或训练中缺少应有的要素，那么训练就容易脱离“比赛场景”，而无法做到以比赛实战为核心。以上是以“足球基本特征”和“足球训练要素”为例，说明它们是由足球概念推导而来，也说明足球训练过程所有的概念与方法都源于足球概念的推导，进而才能形成科学的足球训练理论与方法体系。显然本著基本概念、基本理念与基本方法的系统构成，都是由足球概念推导和演绎而来。

二、足球概念中的“比赛或游戏”

足球概念中“比赛或游戏”的问题往往在足球图书阅读中容易被忽略，尤其容易对什么是足球游戏产生错误的理解，如果把所有带有游戏性质的活动都归为足球游戏，由此也就容易造成足球训练偏离足球本质。以下围绕两个问题进行阐述：其一是足球比赛与足球游戏的界定；其二是训练中的比赛游戏和练习游戏。通过问题的阐述大家可以进一步建立正确的足球概念。

（一）足球比赛与足球游戏的界定

“足球是一种比赛或游戏”中的“比赛”和“游戏”，英语分别是“match”和“game”，其中的“match”是比赛和竞技的意思，“game”是游戏和比赛的意思[1]。在欧洲人看来两者是外在形式和构成要素完全相同的两种叫法，都是有球、有同伴、有对手、有球门、有场地空间和规则限制等要素的相同形式。那么为什么会有比赛和游戏两种叫法呢？这里就有一个如何界定的问题。其实界定的根据就是看踢球活动出于何种目的。足球比赛是以获胜和夺得锦标为目的的，是要通过比赛获得荣誉和利益，目的就是胜利；足球游戏是以锻炼身体和休闲娱乐为目的的，没有锦标意识也无关乎利益得失，活动就是为了出汗和快乐。例如：8个同事下班后为了放松身心和锻炼身体打一场四对四的小型比赛，这样的比赛就叫游戏；如果8个同事同样是采用四对四的形

---

[1] 霍恩比. 牛津高阶英汉双解词典[M]. 李北达，译.北京：商务印书馆，1997.

式，但比分落后一方承担8人的晚餐费用，这样就有了利益竞争，这样的游戏就是比赛。比赛和游戏虽然有相同的形式和要素，也可以说比赛即游戏，游戏即比赛，究竟是比赛还是游戏，还要视活动的目的而定。我们一般所说的大众足球和校园足球普及提倡的是足球游戏，业余爱好者喜欢这种既快乐又有一定对抗性和竞争性的游戏。

（二）训练中的比赛游戏和练习游戏

前文之所以专门对足球概念中的“比赛”和“游戏”加以界定和说明，是因为我们训练实践中对足球游戏的理解存在错误和偏差，需要纠正。我们一直都认为，足球训练中所采用的“运球接力”“蚂蚁搬家”“打扫战场”等都是足球游戏，甚至很多不结合球的练习游戏也统统归为足球游戏。著者并不是反对足球训练采用各种生动有趣的练习游戏，而是希望对两种不同的游戏有一个性质界定和严格区分，否则就容易喧宾夺主，以致训练偏离足球本质。我们可以把训练中的游戏分为比赛游戏和练习游戏，把拥有四个以上足球要素，诸如以脚支配球为主、有同伴和对手、同场对抗及以攻入球门得分的游戏，称为比赛游戏；把那些完成技术练习或不结合球的形式，称为练习游戏。同时也要清楚，无论是以业余队员还是职业队员为训练对象，比赛游戏一定要作为核心和主导的游戏形式，而练习游戏则是辅助和边缘的游戏形式，尤其是青少年足球训练更应当如此。

比赛游戏更带有趣味性，是业余爱好者非常喜欢的娱乐方式。少儿足球只有以比赛游戏形式为主导，以多种多样的比赛游戏贯穿始终，才更利于吸引孩子的兴趣和推动普及。当然，为了发现和培养有天赋的足球人才，也需要从少儿阶段组织一定数量的正式比赛。但我们一定要明白，很多欧美足球训练教材都强调少儿训练要以比赛和游戏为核心和主要形式，他们所说的游戏一般是比赛游戏。从另一个角度讲，足球之所以是世界第一运动，不是因为练习游戏的魅力，而是因为比赛游戏的魅力。所以我们需要清楚：如果队员喜欢练习游戏，那么一定会更喜欢比赛游戏；如果练习游戏是快乐的，那么比赛游戏一定是更加快乐的；如果练习游戏容易组织，那么比赛游戏会更容易组织；如果练习游戏是一种训练，那么比赛游戏才是真正的训练[1]。

三、足球的基本特征

足球的基本特征是足球本质的反映或表现，如果以外观感知为依据去描述足球特征，就容易出现偏差，我们以往的足球特征阐述就存在问题和错误。考察和探讨足球基本特征的问题必须从足球本质出发，以下从反映足球本质和足球比赛中带有足球本质特征表现的两个方面，分别阐述足球的基本特征问题。

（一）从足球整体描述到足球特征阐述

足球比赛或游戏是两个队在一个长方形场地上进行的，双方各自防守己方球门，通过各种技术和战术的运用展开攻守对抗。一方得球进攻时，即以将球攻入对方球门为目标；丢球防守时，以防守本方球门为目的。比赛双方围绕争夺控球权，在规则允许的范围内，进行面对面的攻守拼争，比赛以最后攻入对方球门次数多少判定胜负或平局。比赛或游戏中不允许场上队员用手或手臂触及球，只有守门员可以在本方罚球区内用手和手臂接挡球，一般五人制以上规模的比赛双方各设一个守门员。十一人制比赛是足球运动的代表形式和最高层次，一般所说的职业足球和最具观赏性的比赛都是十一人制的形式。但开展十一人制比赛容易受到场地、人数和比赛能力等诸多条件的限制，往往普及的难度较大，现实中业余爱好者更多是采用“小型足球”的形式。足球作为大众休闲娱乐的方式，是一项极富乐趣、门槛很低而易于开展的体育项目，深受广大青少年的喜爱；但作为高水平的足球比赛，则是一项难度很大、对抗性极强的竞技体育项目。从训练学角度认识足球，不仅要了解足球的外在表现，还需要进一步深入认识带有规律性的基本特征。在荷兰足协《足球训练》教材的开篇“足球是什么”专题中，概括地对足球的“自由成分”“复杂性”“流动

[1]　国际足联. 国际足联草根足球培训手册[M]. 北京：人民体育出版社，2010：45.

性”“攻守争夺与对抗”“足球基本功”等特征做了阐述和分析，这些是荷兰人长期实践经验的概括和总结，也表明了他们基本的足球观。对于这些特征概括我们需要加以深入领悟，根据他们的概括及结合我们的演绎，以下从指导训练实践的需要细致阐述足球的基本特征。足球概念里阐述的是足球本质特征，也属于足球特征的内容，在下文的足球特征阐述中，也包含足球概念里的文字内容，这是足球特征系统阐述的需要。

（二）训练学意义上的足球基本特征

足球运动的特征有很多，这里我们从训练学意义上把其基本特征分为两个方面：其一是反映足球项目本质与要素的基本特征，就是主要由核心要素——球、目标要素——球门、团队要素——队友、对抗要素——对手、空间要素——场区和限制要素——规则等表现出来的基本特征；其二是反映队员比赛过程表现的基本特征，就是主要由队员的技术技能、战术技能、体能和心理等方面表现出来的基本特征。本著把足球基本特征分为两类共十项，整体构成如图2-2所示。

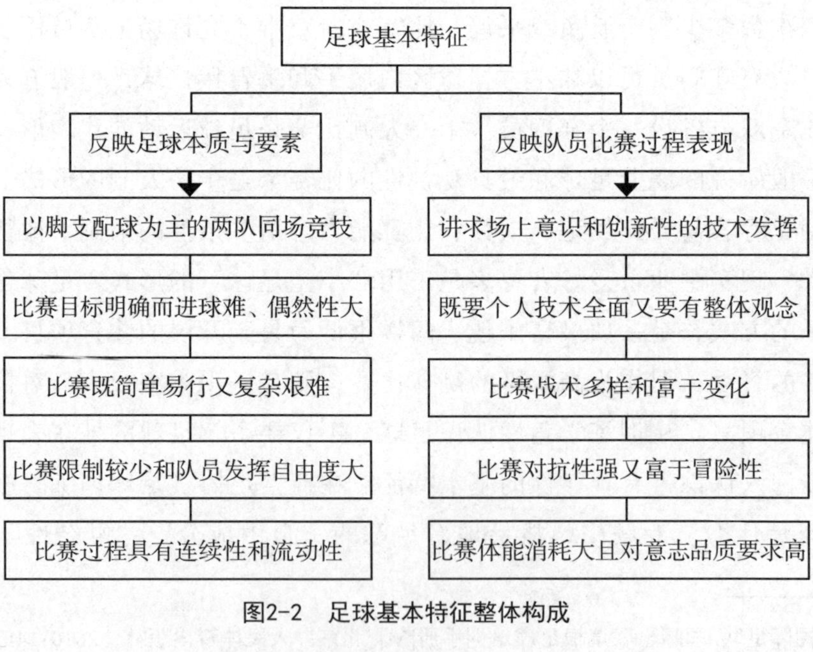

图2-2　足球基本特征整体构成

1. 反映足球项目本质与要素的基本特征

（1）以脚支配球为主的两队同场竞技。足球比赛及其训练过程，队员主要是用脚完成运控盘带、传接控制、突破射门及防守抢断等技术性活动内容，此外的头部、胸部、大腿等身体部位接触球相对较少。而且比赛进行中的进攻队员和防守队员是处在同一块场地上，争取主动的方法就是掌握控球权，在对方控球时就要抢夺控球权。比赛中需要与同队队员之间相互呼应、配合而形成团队，与对方队员之间的相互争夺、拼抢而形成团队对抗竞技，这些最基本的足球特征共同构成比赛的激烈争夺，也就表现出足球项目的与众不同。所以这一特征是足球最基本和典型的特征，其中包括了足球的核心要素——球、团队要素——队友和对抗要素——对手，也正是以脚支配球为主的原因才把这项运动冠名以足球[1]。

（2）比赛目标明确而进球得分难、偶然性大。比赛双方明确的目标是各自进攻对方球门和防守己方球门，就是争取进攻多进球和防守少失球，本方控球或对方控球及球在不同的地点，每一个队员各自都有明确的职责和分工[2]。比赛双方各有一个经过专门训练的守门员，可以手脚并用地高接低挡，而且比赛中的防守一方会采取密集、紧逼、协防等积极的防守措施，所以进攻得分的难度比较大，比赛进球被称为“世界性难题”。高水平的两个实力相当的球队，一场比赛一个队进三个球一般就是大比分。相对于比赛进攻难度较大，防守则相对容易，即便是实力较弱的球队，也有可能通过加强防守而有效地阻止对方的进攻，比赛也很容易出现得势不得分和以弱胜强的情况，所以足球比赛出现黑马和爆冷的情况较多。

（3）比赛既简单易行又复杂艰难。足球比赛规则条目较少而且简单易懂，参与比赛活动的门槛也较低，而且易于组织，比如：在幼儿园举办一个小朋友的球类比赛活动，只有足球是可行的。作为业余爱好者参与球类比赛活动，足球也相比其他球类项目更容易融入。足球又是一种复杂的比赛，十一人

[1] 全国体育院校教材委员会. 现代足球[M]. 北京：人民体育出版社，2000：3.

[2] 谷明昌. 足球是什么[M]. 北京：北京体育大学出版社，2012：67.

制比赛的场地空间大、人数多，其特征是随时随地都存在无限多的可能性和变化，22名队员会有不同的选择和行动方式，控球队员要随机做出判断和选择[1]。比赛中对手的干扰和阻挠又体现其艰难的一面，需要在瞬间做出决断，很多时候还需要用高难度技术动作准确无误地完成任务，所以踢足球要达到较高的境界难度又相对较高，需要队员付出更多的辛苦和努力。所以足球既有大众普及的简易性，又有高水平训练和比赛的复杂性和艰难性[2]。

（4）比赛限制较少和队员发挥自由度大。足球比赛规则对队员的限制相对较少，比赛过程中除了场上队员不允许用手和越位之外，其他规则限制屈指可数，而且队员还有一定的“技术犯规”的利用空间。队员场上发挥的自由度大，主要是由于比赛的场地空间和队员行动选择的自由度都非常大，这种场地的广阔和行动的自由给队员提供了极大想象空间和创造性发挥的可能，每一个队员的场上移动、奔跑及技术运用都有无限多的机会和变数。而且足球比赛是团队形式的整体作战与发挥，进攻和防守都给那些聪明的队员以更大的施展空间，任何角色的队员都有很大的提升可能。所以足球训练一定要启发队员的想象力和鼓励自由发挥，尽可能地减少不必要的限制和约束。

（5）比赛过程具有连续性和流动性。连续性是指比赛间断较少，特别是规则对守门员用手接回传球的限制和对拖延比赛时间的惩罚，使得一场比赛的大部分时间是处于连续不断的比赛争夺状态。即便出现比赛成死球，队员一般也都会马上积极地恢复比赛，这样对场上队员体能和守门员用脚传接球能力都提出更高的要求。流动性是指比赛进行中球和队员的不停运动。一旦进入比赛状态，球自始至终都是不停地处于滚动或飞行的状态，而场上队员也都要随时随地根据球的移动和变化而不断地移动位置，比如：做出保护性的接应移动或攻击性的摆脱和前插快跑等。概括这一特征就是高水平比赛中的球和人始终都处于流动的状态，所以高质量的训练要求球必须处在快速的流动和变化状态，

---

[1] 范林根. 足球训练[M]. 杨一民，李飞宇，李连胜，译.北京：人民体育出版社，2002：1.

[2] 全国体育院校教材委员会. 现代足球[M]. 北京：人民体育出版社，2000：4.

要求队员移动的方向、速度和节奏也相应地处于不停的变化中[1]。

2．反映队员比赛过程表现的基本特征

（1）讲求场上意识和创造性的技术发挥。要想让队员在比赛中充分发挥技术，就要讲求比赛场景不断变化条件下的场上意识培养。具体的比赛场景是场上思维和行动决策的依据和支点，队员场上意识及其决策和行动能力的培养，一定要在比赛实战和对抗的条件下，在各种进攻、防守及攻守转换的比赛场景变化中，不断让队员感悟及强化和发展。比赛需要队员具备技术的即兴发挥能力，要求队员提前识破对手意图而随机完成进攻或防守的行动，也就是即兴地做出合理的技术或战术行动的选择。但是只有即兴能力还不够，足球队员还需要有丰富的想象力，能够根据整体进攻或防守及场上变化的需要，创造性地运用技术，例如：巧妙的助攻传球、突然的突破射门、及时的长传转移等，决定比赛胜负的往往是即兴的具有创造性的技术发挥[2]。

（2）既要个人技术全面又要有整体战术观念。足球场上队员除了手和手臂之外，各个肢体部位都需要在比赛中完成一定的技术动作，这决定了足球技术种类和具体内容的多样，其中脚上的技术动作最多。而且比赛是在复杂和对抗条件下进行的，来球和出球需要在快速和随机情况下完成技术动作，在有防守的情况下需要迎球拿到第一点或前点，这些都要求队员根据比赛场景随机运用技术，要求队员在具备基本的位置技术和个人技术特点的同时，掌握全面的技术技能。但是足球是团队合作的集体项目，队员必须有团队协同作战的整体观念，个人技术运用是为了完成整体战术服务的，技术运用必须按照整体的部署和符合整体的需要，一个队员如果缺乏团队观念和整体攻守意识，则很难得到健康和快速的发展。

（3）比赛战术多样和富于变化。足球比赛的战术具有多样性，而且也是复杂和变化无穷的，这是由比赛场地大、人数多及队员发挥空间大的特点决定的。

---

[1] 范林根. 足球训练[M]. 杨一民，李飞宇，李连胜，译.北京：人民体育出版社，2002：1.

[2] 刘夫力. 小型足球运动手册[M]. 北京：北京体育大学出版社，2004：3.

球队整体的进攻和防守都有多种不同的战术打法，各个局部场区也都有不同的战术安排，而且战术打法有越来越细化的趋势，例如：单就防守的压迫方式就可以分为高位压迫、中场高位压迫、中场低位压迫和深度压迫。具体到每一个队员，根据队员不同位置及其技术特点的不同，对其部署的战术任务会有很多的不同。足球比赛的战术是极其富于变化的，仅从比赛阵型来看，无论是进攻阵型还是防守阵型，一个优秀的球队在一场比赛中会有4~5种基本的阵型变化，而且是反反复复进行的。教练员一般要设计和训练几套不同的战术方案，具体比赛中根据不同对手和不同比赛情况，其战术打法变化更加灵活和变幻莫测。

（4）比赛的对抗性强又富于冒险性。足球比赛是同场竞技的对抗性项目，高水平职业队员都经过了长期的实战对抗磨炼。比赛中两队队员之间时时处处会有脚对脚的抢球与控球、身体对身体的冲抢和护球；有大量二对一、三对一追抢和夹围等对抗条件下的技术运用；还有足球场地空间大，队员常常是在高速奔跑中完成攻守争夺，有时候必须敢于运用铲球、争顶、倒钩、鱼跃头顶等高难度的技术。这样高水平比赛不仅要在高强度对抗中完成各种技术运用，而且每一个队员在重要的比赛时刻都要敢于在冒险中完成对抗争夺，也就是说足球比赛的对抗性和风险性要高于其他任何球类项目。现在足球比赛的对抗性还在不断增强，队员进攻的控球、突破、传接球等技术运用的空间越来越小，时间越来越短，难度越来越大，这给进攻队员带来更大的难度，同时对防守队员的防守能力和素质也提出更高的要求。

（5）比赛的体能消耗大且对意志品质要求高。足球比赛的时间长、场地大，加上现今比赛的争夺日趋激烈，对抗性越来越强，要求队员完成的跑动距离、冲刺次数都在增加。一场高水平的足球比赛队员一般跑动距离达到12 000米以上，其中包括70次以上的冲刺快跑，而且要在高度集中注意力的情况下完成大量的对抗争夺、弹跳用力和急停急起等，所以一场足球比赛队员的体能消耗是巨大的，要求队员必须具备良好的体能。足球队员仅有体能是不够的，因为在比赛的最后阶段或加时赛里，队员体能基本是消耗殆尽的，而此时正是决定比赛胜负的关键时刻，这种情况对队员的争抢用力、注意力及技术发挥要求更高。往往对队员能力发挥起决定作用的是意志品质，这种良好意志品质的形成需要培养和激发，更需要平时的磨炼[1]。

第二节　足球训练与足球训练规律

足球训练与足球训练规律都是足球概念的下位概念，两个概念的解读及其内涵的阐释是足球理论体系构建的重要内容，也是向本著主题“足球训练基本理念与基本方法”部分的重要过渡。本节包括两个主题，即足球训练及其与比赛的统一关系和足球训练规律及其三个层次。很多观点虽然早已在业界达成共识，但其中的一些具体观点并没有作为理论命题或研究内容正式提出来，比如足球训练与比赛的统一关系问题就是如此。以下要明确阐述足球训练与比赛的统一关系，并要以此作为后续一系列问题探讨的依托。

一、足球训练及其与比赛的统一关系

在确立了足球概念之后，足球训练的概念也就迎刃而解了，这里要重点探讨及要取得突破的是“足球训练及其与比赛的统一关系”的问题，明确这种统一关系也就把传统意义上足球训练的内涵扩大了。虽然国内外专家都一致认为足球训练与比赛就是一体的关系，但到目前为止这一观点并没有得到明确的统一。以下阐述明确了足球训练与比赛的统一关系，也是后续很多问题探讨的理论依据和支撑。

（一）足球训练的概念

足球训练是两个各自独立概念叠加在一起构成的复合概念。显然这个复合概念是由足球和训练两个概念构成，前文已经专门阐述了足球概念的问题，而训练的概念在我国体育院校统编的《运动训练学》教材中有明确阐述：训练是

[1]　全国体育院校教材委员会. 现代足球[M]. 北京：人民体育出版社，2000：4.

指为了取得、提高比赛成绩或保持在比赛中取得好成绩，教练员专门组织的、有计划地促进队员能力提高而实施一系列影响的过程[1]。足球训练是针对足球这个单一的体育项目而言，引用前文的足球概念和套用《运动训练学》教材训练概念的表述，再按照逻辑学复合概念构成的原理与方法，可以把足球训练的概念做如下阐述：足球训练是一个足球队为了取得优异的比赛成绩，而由教练员专门组织和实施的，对球队全体队员施加足球教育和各种影响因素的过程。足球训练理论体系的构建需要先剖析这一复合概念，两个概念之间有一定的限定关系，“训练”是一个相对宽泛的概念，所以“足球”实际上限定了“训练”的特定内涵，足球训练学的研究范畴，限于探索足球训练所特有的规律、原理与方法等问题。

（二）足球训练与比赛的统一关系

前文确立足球训练概念，其一是为了更准确地圈定本著足球训练问题研究的范畴和具体内容，其二是为了弄清足球训练过程还受制于哪些客观规律与学科原理。足球训练的概念要保证以下几个条件：第一，符合足球项目本质属性；第二，禁得起逻辑推导的检验；第三，具有先进性和前沿性。足球训练不可以受制于传统和落后的认识与思维，而是要融入先进的理念与方法。其中重要的一点是足球训练与比赛的统一，就是要把比赛当作训练的延续和训练的组成部分，训练要以比赛为核心和归着点，系统的足球训练包括训练和比赛两个部分。目前，国际上无论是职业队训练还是青少年训练，其训练模式已经趋于一致，就是采用周末联赛的模式，每周的训练是围绕周末的比赛进行计划和实施。一年或更长周期的训练，要围绕周期内重要比赛的分布进行设计和规划。我国的各级足球训练不仅要采用这种训练和比赛模式，而且我们必须理解这种模式的原理与机制。包括本著后文足球训练基本理念的探讨，也是要把训练与比赛统一起来，把基本理念分为训练和比赛两个方面。随着社会进步和足球运

[1] 全国体育院校教材委员会. 运动训练学[M]. 北京：人民体育出版社，2000：6.

动的快速发展，世界各国都会越来越重视对足球训练规律的探索，足球训练的理念与方法会不断更新和升级换代，我们必须加强足球训练的基础理论研究，只有对足球训练的认识达到了与国际的接轨，我国的训练才能达到先进的水平。而那些治标不治本、本末倒置的做法，只能留下更多的历史遗憾。

（三）足球训练概念、理念与方法的统一范畴

足球训练学作为一种理论，一定包含很多概念、理念、方法及其相互关系的问题，本著所涉及的问题是足球训练基本概念、基本理念与基本方法的范畴。前文引用过两句哲学有关概念的阐述，即“科学概念的内容即是人们对于特定事物本质的认识，概念是逻辑思维最基本的单元和形式”和“科学理论的完整体系是由概念及与这些概念相应的判断，以及用逻辑推导得到的结论组成的”[1]，其实“科学概念”可以作为足球的“逻辑思维最基本的单位和形式”和“科学理论体系推导的原点”，也可以作为其下位所有足球训练的概念、理念和方法的“逻辑思维最基本的单位和形式”和“科学理论体系推导的原点”。也就是说，有关足球训练任何局部或枝节的理论问题，其理论体系构建都是以其局部或具体的科学概念为起点的，都是通过科学概念而推导和演绎出来的。所以说，足球和足球训练的概念及其下位的足球训练基本概念、基本理念、基本方法的逻辑起点，都是基于共同的哲学原理，都是源于足球概念的推导。所以，本著的足球训练理论体系构建一定是源于统一足球概念的范畴，任何有悖于本著足球概念的理论和方法都排除在探讨之外。

（四）足球训练理论体系架构的内在关系

本著一系列问题探讨的目的是构建足球训练理论体系的基本架构，使大家对足球训练的整体构成有一个了解，以利于形成对足球训练的正确认识和建立科学的训练理论。图2–3是足球训练理论体系架构及其内在关系示意图，基本概念、基本理念和基本方法都是理论体系的基础和组成部分，是构成完整的足

[1] 刘大椿. 科学技术哲学导论[M]. 北京：中国人民大学出版社，2005：158.

球训练理论体系的三个重要支柱，共同支撑足球训练的实践。但是整体与局部及局部与局部之间并不是对称和均衡的关系，而是通过一个单向的作用达成一种循环式的平衡。足球训练与其基本概念是明显的主体与分支的衍生关系，基本概念是足球训练理论体系的基础和重要支撑；基本理念虽然也是理论体系主体的分支，但基本理念需要依托于基本概念的支撑和间接作用，进而构成理论体系的基础和组成部分；基本方法同样是足球训练理论体系的基础和支撑，但还要依托于基本概念和基本理念共同的支撑和间接作用。基本概念是足球训练理论的认识基础，是对诸多训练问题本质的认识，是驾驭足球训练过程与保证方向正确的前提；基本理念是以对基本概念的认知为基础，从不同视角或层面去解读和揭示足球训练与比赛的规律和原理，侧重解决足球训练的认识与实际操作相连接的问题；基本方法要以基本概念与基本理念为基础，是训练过程如何设计、操作和把控的方法学问题，是足球训练理论转化为科学实践的应用部分，是整个理论体系构建的归着点。足球训练的基本概念、基本理念和基本方法，都是做好足球训练工作的基本理论问题，一个教练员把控训练过程和提高业务素质三者缺一不可。

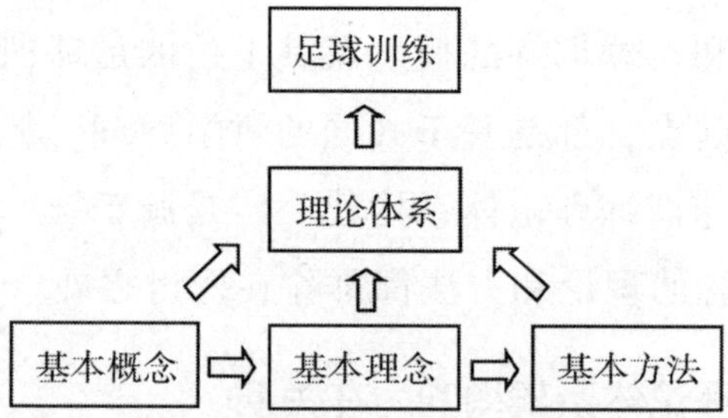

图2-3　足球训练理论体系架构及其内在关系

二、足球训练规律及其层次

足球训练过程中存在着诸多制约和影响其功效的客观规律，这些规律都是我们组织训练工作所必须遵循的。作为足球训练基本理念与基本方法的探讨，了解足球训练规律有哪些及其各自的作用程度和深度，了解足球训练规律的层次关系，可以帮助我们提高认识。以下探讨两个问题，即足球训练规律探索的重要性和足球训练规律的三个层次。

（一）足球训练规律探索的重要性

足球训练的概念澄清了足球训练的目标指向，也规定了足球训练理论所要研究问题的范畴。足球训练的科学理论一定是由科学概念推导和演绎出来的，只有从足球训练的概念出发，探索足球训练的规律及构建其科学理论体系，才能真正有效地控制和驾驭其训练过程。为什么要探索足球训练的规律？其中的原因和重要性我们可以从规律的特性中找到答案。规律是指事物之间内在的、稳定的必然联系。这种联系不断重复出现，在一定条件下对事物发展发挥作用，并决定事物必然向着某种趋向发展。规律的主要特性有：第一，具有不以人们的意志为转移的客观性，但人们可以通过实践认识和利用规律；第二，具有重复性，就是人们可以多次反复进行探索，从而把握其内在联系；第三，具有稳定性，就是规律是相对稳定的，不会因为环境条件的变化而轻易改变[1]。可见，规律是事物本身所固有的，深藏于现象背后并决定或支配现象的方面。规律可以反复发挥作用，只要具备必要的条件，合乎规律的现象就必然重复出现。由此可以断定，足球训练规律决定着足球训练发展的必然趋向，是我们做好训练工作必须认识和把握的重要理论问题。

（二）足球训练规律的三个层次

我们从哲学关于概念与规律的关系中了解到，任何事物的规律都是由其科学概念而推导和演绎出来的，而且事物的发展又必然受其自身规律的制约。足球训练的规律，同样也需要由足球训练概念做推导和演绎。足球训练是一个复合概念，其中包含着诸多的本质属性，每一个属性有着概念范畴不同的规定性，所以也必然会受到很多规律的多重制约。足球训练受到哪些规律的制约？

---

[1]　刘大椿. 科学技术哲学导论[M]. 北京：中国人民大学出版社，2005：160-161.

这是我们理论体系构建和训练实践都需要清楚的问题，科学理论体系构建必须经过对足球训练规律的探索过程。欧美国家之所以足球事业发达、理念先进、方法科学，就是因为他们经过了长期、艰难的探索，找到了足球训练规律及各种符合足球规律的训练原理与方法。本著所进行的足球训练基本理念与基本方法探讨，是以对诸多足球训练规律的探索为基础和前提的，是希望通过学习、借鉴国外先进的理念与方法，同时总结我们自己的理论研究与实践经验，建立可以支撑我国足球发展和具有中国特色的足球训练理论体系。对足球训练规律问题的探讨，是为了形成整体的对足球训练规律的认识，足球训练三个层次规律的循环作用关系见图2-4。

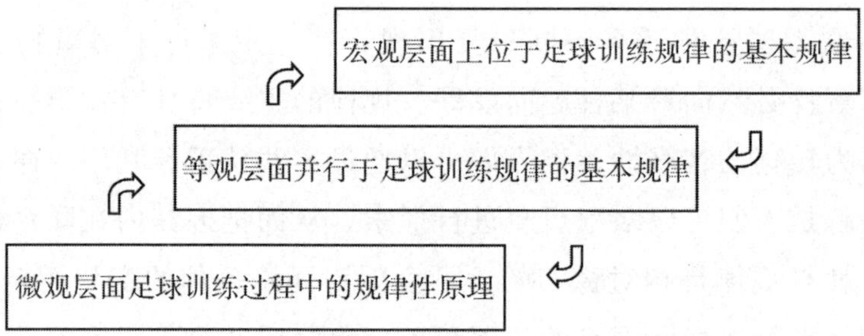

图2-4　足球训练三个层次规律的循环作用关系

第一，宏观层面上位于足球训练规律的基本规律。在浩大的宇宙运行中，足球训练只是体育运动训练的一个项目。在遵循基本的事物运动规律的同时，足球训练过程还需要更直接地遵循如下规律：人体成长发育规律、竞技运动规律、运动技能形成规律等。足球训练过程同时受到很多宏观层面事物发展规律的制约，这是我们需要了解和认识的问题。以上几个基本规律对足球训练有着直接和密切的指导作用，这些虽然不是本著探讨的问题，但是每一个从事足球训练的工作者，都需要通过学习和阅读而了解其中的知识要点，否则一旦违背这些规律就必然会受到惩罚。

第二，等观层面并行于足球训练规律的基本规律。足球训练过程有很多足球项目自身的规律需要我们探索，例如：现代足球发展趋势、足球比赛阵型与战术打法、足球比赛攻守原则等。此外还有很多需要同步认识的规律，例如：教育教学规律、心理成长发育规律、人体运动能量供应规律、运动训练原则等。足球训练应当遵循哪些规律？很多教练员把视野限定在足球训练的狭小范围，往往忽视对训练之外规律的认识。我们应当意识到，足球训练与对队员的教育和身心发展是同步的，一个教练员不了解和遵循足球训练之外的这些规律，队员的全面发展会受到制约，足球的发展也会受到影响。所以教练员必须增加知识储备和扩大阅读范围，了解和把握这些等观层面的足球训练基本规律。

第三，微观层面足球训练过程中的规律性原理。这些规律性原理包括本著的所有大大小小问题的探讨，例如：基本概念的足球训练要素、基本功构成、足球技能、比赛模式等，基本方法的足球训练基本模式、足球训练取材、足球训练指导方法等。不仅仅是足球训练的基本概念、基本理念和基本方法，还有很多更具体的理念、原则、要点与方法等，也都必须探索其原理中的规律性。所谓“细节决定成败”，就是每一个训练细节的操作，同样都需要探究其过程的规律和原理。足球强国之所以实力雄厚，之所以能培养出众多顶级的足球明星，是因为他们不仅抓住了足球训练的本质和正确的方向，还因为他们重视方方面面的细节，一切都遵循规律和按照科学的程序与方法。我国足球训练水平整体偏低，一方面是因为忽视对足球运动本质及其规律的探索，也一直没有整体性地回归正确的轨道；另一方面，直到今天很多足球从业者仍然缺乏对足球职业的敬畏，而把足球训练视为轻而易举的职业。其实无论是做足球职业教练和理论研究，还是做业余的校园足球、少儿训练、大众普及和文化宣传等工作，都需要探寻其规律而不可以等闲视之。这些微观层面规律性问题的把握，我们必须更多地借鉴足球发达国家的经验，也需要广大足球从业人员树立起正确的职业观念。

第三章
足球训练基本概念

在各种国际足球技术培训中有很多被高频率使用的概念，诸如：足球训练要素、足球基本功、足球技能、比赛四个时段、比赛场景、训练模式、比赛模式等。这些概念的由来是多元的，但有着广泛的共识性和通用性，很多已经成为国际统一的概念性术语。

实际上这些概念是人们在长期训练实践中总结出来的，其中高度凝结着人们的成功经验与智慧。关于概念及概念对于科学理论体系构建的意义，前文已经做了阐述。足球训练基本概念显然是足球及足球训练概念的下位概念，是关于足球训练的基本认识问题，是足球训练基本理念与基本方法问题探讨的认识基础。一个国家足球的健康发展，一定要经过艰苦的实践和理论探索过程，进而形成对一系列基本概念的正确认识，总结出具有规律性的足球训练基本理念和基本方法，如此才能少走弯路和更加高效。

本章探讨的基本概念都是足球训练核心层面的重要概念，也都与后续的基本理念与基本方法问题相关联。一个足球教练员要掌握先进的训练理念和科学的训练方法，最基本的认识基础就是对一系列基本概念的认识，我国目前对这些基本概念认识的推广工作做得不够，以下分八节介绍八个基本概念。

第一节　足球训练要素

足球训练要素是做好训练工作必须清楚的问题，对训练要素含糊不清就很难形成有效的训练及达到训练的目标。这一概念的核心词是“训练”，“要素”是训练的要素，就是进行足球训练所必须有的因素。我们以往对足球训练要素的理解存在偏差，以下通过概念解读及对每一个要素含义的解释来澄清足球训练要素的问题。

一、足球训练要素的概念

（一）足球训练要素概念及其要义

足球训练要素是指组织足球训练过程中教练员必须考虑的最基本的构成元素，是队员在比赛中每时每刻都要同时思考和关注的因素。普遍认为足球训练有六个要素，包括核心要素——球、目标要素——球门、团队要素——队友、对抗要素——对手、空间要素——场区、限制要素——规则（见图3-1），任何教练员的训练设计都要根据训练主题和目标的需要而仔细权衡六个要素的安排[1]。

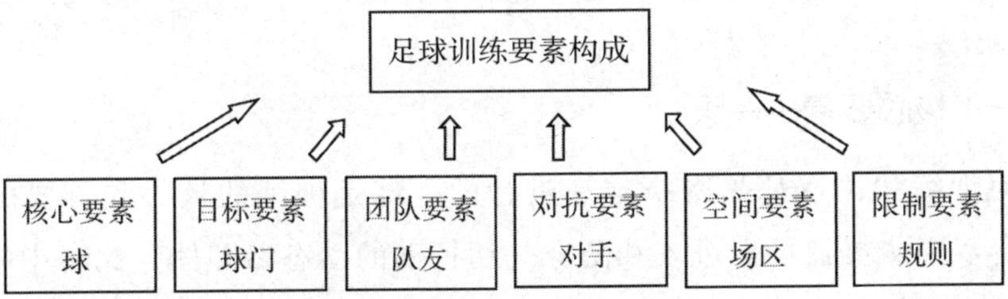

图3-1 足球训练要素构成

（二）足球训练要素概念的解读

足球训练要素其实是足球本质要素，是足球本质在训练和比赛中的具体体现，有时也称作足球比赛要素。从教练员方面讲，足球训练要素主要是指教练员在组织训练过程中必须考虑的因素；从队员方面讲，是每一个场上队员在训练和比赛过程中每时每刻都要同时关注的因素。比赛中一个优秀的场上队员一

[1] 范林根. 足球训练[M]. 杨一民，李飞宇，李连胜，译.北京：人民体育出版社，2002：1.

定是在兼顾和权衡六个要素的同时，再做出合理的决策和行动。训练六个要素的提法是从足球训练的实际需要出发，是培养队员场上智力和能力的需要，可以做到更有效地促进队员成长和提高训练效率。再具体讲其主要依据，就是队员在比赛场上眼睛不断观察、头脑积极思考，以及身体的位置移动、技术动作的变化和调整，始终都离不开对以上六个要素的观察判断而做出决策。这六个要素是影响队员场上洞察意识和决策行动能力的最基本的因素。训练中只有更合理地设计和安排六个要素的内容，才可能使训练更加科学[1]。在欧美国家很早就有各种不同的提法，如足球训练五要素、足球训练八要素等，但其要义并无不同，最后六个要素的提法是荷兰讲师团1999年来华培训时提出并在我国确定下来。从对参加D级教练员培训学员的调查情况来看，我国基层教练员普遍不明白什么是足球训练要素，即便个别学员知道六个要素是什么，但对训练要素概念的理解和贯彻还是存在很大的偏差。

二、足球训练要素的含义

（一）核心要素——球

任何训练和比赛都是围绕球来进行的，球是训练的核心和首要的要素。球是比赛双方队员在场上进攻和防守一切行动的动态参照体，比赛中的球是流动的，处在不停地滚动、飞行、连续折回的变化中，其运行的速度、高度、旋转等处在无法预知的状态。只要是处在比赛中，场上队员就必须时时刻刻观察球所处的位置、球的运行方向和落点，甚至要预判球的下一步及再下一步的发展。所以核心要素——球是场上所有队员关注的焦点[2]。

（二）目标要素——球门

足球比赛的任何进攻行动都是为了有效地向对方球门推进及完成射门，防

[1] 曲晓光. 现代足球训练理念诠释与应用[M]. 广州：华南理工大学出版社，2009：10.

[2] 谷明昌. 足球是什么[M]. 北京：北京体育大学出版社，2012：38-39.

守则反之，训练中如果没有球门，整体上看就脱离了真实的比赛场景。比赛过程要求进攻方的每一个队员都要不停地协同移动和变化，目的就是创造向对方球门推进的机会，所以球门作为训练的目标要素是必不可少的。当然，有时候训练出于某种特殊的目的，可以设置两个或更多的球门，有时候突破训练可以把目标定为一条线，或者传接球训练设定没有标识的目标。

（三）团队要素——队友

足球是由多名同队队员共同参与比赛进攻和防守的团队协同作战项目，比赛中无论是进攻还是防守都需要同队队友之间的相互支援和配合，整体实力一定是融合着队友之间的相互支持、鼓励与默契。而团队力量的形成一定要经过平日艰苦的训练过程，这就需要训练中把同队队员之间的配合作为训练要素，即足球训练必须考虑的队友因素。

（四）对抗要素——对手

足球比赛是两队同处于一块比赛场地、围绕对球的争夺展开攻守对抗，而且与对手之间有着激烈的脚对脚、身体对身体及在高速运动中的拼争。比赛中队员的任何决策与行动都根据对对手意图和行为的判断而随机应变，适应比赛对抗及其场上的千变万化，是队员必备的能力，所以，训练中合理安排和设置对手是使队员适应比赛实战不可缺少的因素。

（五）空间要素——场区

足球比赛都是在一定的场地空间进行的，而且规则又赋予不同的场地区间以一定的意义或功用。特别是随着足球运动的发展及具体比赛战术的需要，不同的场区又都有着战术打法和技术运用方面的不同要求。场地区域概念越来越重要，不同区域和时间的技术处理及战术选择是不同的。训练中不同形式的场区设计可以助力队员的技战术发挥，促进队员某种意识或技能的改进，所以训练中场地区间的设计是必要的因素。

（六）限制要素——规则

足球比赛是在统一规则的严格限制之下进行的，教练员需要在统一规则的基础上，根据训练的需要制定临时的规则，使队员按照一定的意图和指向完成训练任务。训练中的规则制定和特殊限制是激励和强化队员的有效手段，训练中教练员往往利用特殊规则的限制，比鼓励、要求和命令更为有效，例如：一脚射门、两脚传球、三点包抄、五脚长传等特殊规则的限定，可以有效地强化队员某种意识或技能的提高[1]。

第二节　足球基本功

我们以往对足球基本功的理解存在很大的误区，认为在没有对抗条件下的各种技术练习就是基本功训练，技术熟练就是基本功好。这种认识在我国目前的基层训练中仍然广泛地存在，这是我国一直以来足球落后的一个症结。基本功训练需要在有六个足球训练要素的比赛场景之下，而且还要正确理解足球基本功的概念和内涵。

一、足球基本功的概念

（一）足球基本功概念及其要义

足球基本功是指队员在比赛实战中需要具备和通过比赛所表现出来的决定队员实力的各种个人能力。荷兰人认为这种队员能力构成的基本功包括三个方面，即技术技能、洞察意识和沟通智商。一个队员的成长必须打下全面扎实的基本功基础，教练员从队员参加训练开始就要重视三个方面基本功的同步培养与发展[2]。

---

[1] 范林根. 足球训练[M]. 杨一民，李飞宇，李连胜，译.北京：人民体育出版社，2002：2.

[2] 范林根. 足球训练[M]. 杨一民，李飞宇，李连胜，译.北京：人民体育出版社，2002：3.

（二）足球基本功概念的解读

队员的基本功从外表简单地看，是队员完成技术技能的动作规格与质量，传统观念一般也如此认为。但从比赛实战中看，队员的基本功并不仅仅是外在技术技能的问题，而是在技术技能背后包含着队员对场上情况的观察、思考与判断，并且时刻渗透着同队队员之间及队员与外部之间的沟通与交流。基于足球比赛具有复杂性和整体性的特点，荷兰足协在1995年推出的《足球训练》教材中把足球基本功构成分为三个方面，本著重新命名为技术技能、洞察意识和沟通智商。这一提法打破了传统的观念，也颠覆了我们以往对足球基本功的认知。三个方面的基本功都是队员比赛实战中完成动作技能的决定性因素，是另外把队员场上的洞察意识和沟通智商列入其中。这样的基本功概念是把眼睛观察、头脑思考和语言交流方面的因素都纳入基本功范畴，虽然感觉上很不符合传统的习惯和认知，但三项内容都需要长期的培养和磨炼，都是比赛需要具备的功底。当我们看到我国队员比赛场上基本功匮乏，当我们打破原有的思维局限，就会感到荷兰足球基本功的观点是更客观的。欧洲国家普遍笃信哲学和讲究逻辑，我们也需要重新认识足球基本功的问题。

二、三项基本功及其相互关系

（一）技术技能

技术技能是把技术与技能合二为一的统称。足球技术是指训练和比赛所需要的对球进行控制的操作方法，一般指在没有防守干扰的非对抗条件下完成的操作。足球技能是指在比赛实战中有防守干扰及对抗条件下随机而有效地完成技术动作操作的能力，包含比赛中完成技术动作的协调性、速度、力量及结合球的奔跑停转能力，还包含一定的战术作用和效果。技能与比赛实战过程是不可割裂的，是融合着体能、战术意识的技术运用。一般所说的技巧是比赛中队员所表现出来的带有个人特点和风格的技能，所以技术不等于技能，技能是比赛实战中所表现出来的技术，很多情况是即兴的技术运用，多数情况带有一定的战术意义。

（二）洞察意识

洞察意识一般是指队员在比赛实战中对同伴、对手及整个比赛局势的观察深度和判断能力，特别是对比赛某些瞬间机会和潜在危机的洞察及快速做出技术应对的反应能力，也就是通常所说的足球意识。这种能力有一部分是队员的本能和天赋，但很大程度上取决于训练和比赛实战过程的磨炼。洞察意识是高水平足球竞技所必备的，必须从少儿阶段培养。

（三）沟通智商

沟通智商一般是指用术语、手势、暗号等对队友做提示、提醒和命令的沟通及通过这种沟通形成团队协同作战的能力，也包括队员比赛中与教练员、对手、场外观众及所有相关人员的交流能力。一个人对比赛的洞察能力是有限的，同伴之间有效的呼应和沟通可以提高队员的判断能力，更可以促成球队整体的呼应和联动，是更高层次的个人能力，是比赛中相互沟通、鼓励及形成场上良性互动和振奋士气的需要。这一能力的培养也需要从小开始，要让队员养成相互呼应、提示的习惯及具有与对手、观众良性沟通的大视野。

三项基本功是各自独立和各有其要义的基本功要素（见图3-2），但从基本功表现的角度看，技术技能是队员比赛实战中基本功具体和形象的表现方面，洞察意识和沟通智商则是队员基本功综合和抽象表现的方面。其中的综合和抽象表现方面融合着队员的场上观察、交流、思考与判断等，最后是通过快速决策以技术技能形式表现出来。所以足球基本功具体和形象的表现方面与综合和抽象的表现方面是统一的过程，也就是说后两个方面的表现最后统一于技术技能表现之上。在青少年训练的前期，洞察意识和沟通智商的因素还很难显现出优势来，队员个人和球队整体的实力表现及比赛胜负往往决定于技术技能因素。但随着队员训练水平和比赛能力的提高，他们的实力会更多通过洞察意识和沟通智商表现出来，而且比赛水平越高，洞察意识和沟通智商对比赛的决定作用越明显。

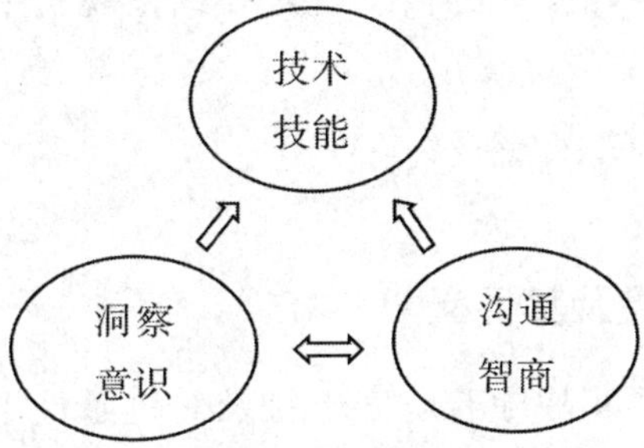

图3-2　足球基本功构成及其相互关系

所以，足球的基本功训练需要把握一些原则和要点：首先，三个方面能力一定要同步和均衡地发展，三者齐头并进才能打下坚实的个人能力基础，三个方面能力共同构成队员全面的足球基本功。其次，技术技能是队员基础性的个人能力，需要反复和长时间的磨炼，但技术技能培养一定要避免简单、孤立、机械的技术动作重复，要与比赛实战相结合，要融入和渗透洞察意识和沟通智商的能力培养。再次，在队员成长的过程中，前期的很长时间往往技术技能训练更容易显现效果，好像技术技能训练更加重要，但随着队员综合能力的提高，比赛对队员的洞察意识和沟通智商的要求会越来越高，而且两者对球队实力和比赛胜负的影响也越来越大。三个方面基本功的训练，技术技能培养需要单纯的技术动作练习过程，同时也要经过大量的比赛实战强化；而洞察意识和沟通智商能力的培养则更多依赖于教练员适时的引导与强化，以及队员个人在比赛实战过程中的感悟和实战经验的积累。

第三节　足球技能

足球技能是我们近些年才统一认识和普及的一个概念或术语，国外的足球技能并没有特别的含义，因为欧美国家一般认为技术即比赛实战中的技能。“足球技能”一词在我国被列为足球专业术语，是因为我们把技术当作完成技术动作的规格和标准问题，技术训练更多的是没有比赛对抗条件下的纯技术练习，这实际上是错误的做法，强调足球技能的概念就是要纠正现实中存在的错误认识。

一、足球技能的概念

（一）足球技能概念及其要义

足球技能是指在比赛实战中有防守干扰及对抗条件下随机而有效地运用技术动作的能力，技能达到一定熟练程度即为个性化的技巧。在这里我们把足球技术称为在没有防守干扰的非对抗情况下合理完成处理球的动作操作[1]。两者有着完全相同的动作结构和顺序，不同在于足球技能有着比赛环境的外部条件。相对于足球技术而言，足球技能是队员真正需要具备的基本功，但掌握足球技能需要技术练习的过程，所以很多培训和教材都把两者统称为技术技能。

（二）足球技能概念的解读

足球技能是在各种不同的比赛场景和不同对抗程度下完成的技术，所以相应的技能训练也更为复杂，需要设计各种不同的比赛场景和防守队员数量，技能训练也被称为技能转化训练。足球技能是一个重要的足球训练学方面的基本概念，关于技术与技能，在英文中有两个词为“technology”和“skill”，但欧美国家一般认为，足球的技术就是比赛实战中的技能。我国的足球训练长期以来形成一种错误倾向，就是把纯技术练习等同于比赛中所需要具备的技能，认为技术达到熟练程度就自然会实战运用了，结果，大量的基本功训练都是脱离比赛场景的纯技术练习，这样也就造成了我国足球队员后天“营养不良”。针对我国青少年普遍存在比赛技能不足的现状，国际足联讲师郭家明先生在中国足协任技术主任期间，在广大讲师中一直特别强调足球技能的概念，这一思

---

[1] 卡尔·海因茨·黑德尔戈特. 新足球学[M]. 蔡俊五，译.北京：人民体育出版社，1988：18.

路也得到我国广大足球同行的认同。所以足球技术与足球技能的特殊区分，是中国足球行业的一种特殊现象，这是一个必要的举措，利于纠正以往我们对足球本质及足球技术训练理解的错误。

二、技术向技能转化的训练

（一）技能训练是足球训练的重要环节

足球技术与技能一般都是专指队员有球的情况，两者对球操作的动作构成和方法是一致的，所以从技术动作上看两者是完全统一的关系，通常也把两者统称为技术技能。但如前文概念所述，两者完成动作的外在环境和条件不同，其作用和意义也就完全不同，所以必须对两者加以区分。由于我国长期缺乏对足球训练基本理念的探索和正确认知，一直没有明白技能训练的重要性，没有认识到技能训练是足球训练必不可少的环节，而是一直把足球技术训练等同于技能训练。由于认识长期处于足球技术与足球技能相混淆的状态，所以青少年训练一直以来缺乏从技术向技能转化的环节。而恰恰技能才是决定队员个人及球队整体实力的关键因素，由此造成的结果就是青少年队员普遍存在比赛实战能力的不足。

（二）技能转化训练的依据与流程

1.技能与技术训练的依据与要点

根据对足球发达国家青少年及职业队训练的考察，足球技术与技能训练都是遵循着一定规律和程序的，这些可以作为我们组织技能训练的原理和依据。一般在技能训练之前，要进行必要的技术准备练习，技术准备练习的针对性很强，一定是主题部分所要完成的重点技术内容，但技术准备练习的时间并不长，技术标准远没有我们国内要求那么高。少儿阶段的技能训练时间明显多于技术训练，比例最少也要一半对一半，而且纯技术练习多用游戏方法。欧洲国家职业队热身练习之后更多是直接进入技能训练，可见队员训练水平越高则技能训练的比例也就越大。由于训练过程一般是先做技术准备练习，之后再过渡到战术准备，所以通常战术准备和比赛场景训练又被称作技能转化训练。技能转化训练需要具体把握几个要点：第一，技能转化训练无须在完全掌握技术动作之后，可以在技术学习过程中，也可以先进行战术准备训练；第二，技能转化训练同样可以达到练习技术和改进技术的目的；第三，技能转化训练具有对抗性和趣味性，利于调动队员的积极性；第四，技能转化训练是队员提高比赛实战能力不可忽视的环节。

2.技能转化训练的流程

技能转化训练无论是技术准备练习还是战术准备训练，对队员一定要有一个整体上的状态要求。第一，要激发起队员强烈的求知和上进的欲望；第二，技术与技能练习都要有大量的技术动作重复；第三，让队员按照比赛实战的要求完成技术动作；第四，在贴近真正比赛的场景完成技术动作；第五，在比赛实战中练习和提高足球技能。技能转化训练的基本流程并不是一成不变的，根据训练不同对象、不同时期、不同目的的需要，技能转化训练的形式与方法差别巨大，例如：对于第一次参加训练的小学生，技能训练比例要相对缩小，技能转化练习可能是非对抗的，也可能是以多打少降低对抗难度的形式。再如：职业队的技能转化训练可能直接采用比赛场景训练。又如：在国家队教练员的眼中，国内的顶级联赛就是国家队队员的技能训练。广义的足球技能包含了比赛场上个人战术及团队战术的因素，也可以说技能是融技术、战术、体能及心理因素为一体的，所以很多时候技能训练的寓意是宽泛的，而且技能训练的形式和方法是灵活的，很多时候小组战术训练、局部战术训练也都被当作技能训练的内容。一般在保证队员具备良好训练状态的前提下，一个完整技能转化训练的五步流程见图3-3。

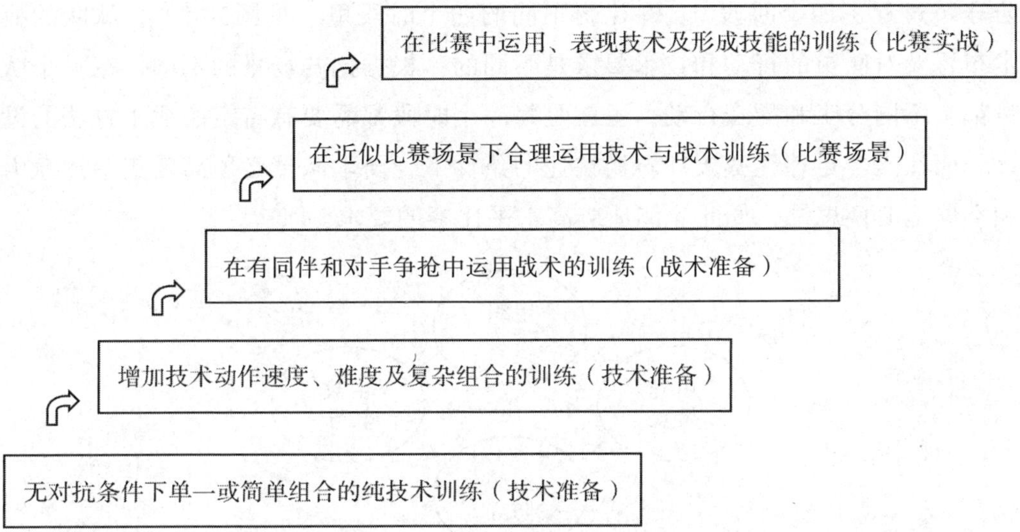

图3-3　足球技术向技能转化训练的五步流程

第四节　比赛四个时段

比赛四个时段是荷兰人发明的一种观察和分析比赛的模式。把比赛按照四个时段划分非常利于找到比赛中的问题和要点，所以也成为一个国际上普遍认可的重要概念。四个时段其实就是认识和分析比赛的一种方法，目前，已经被各级足球组织机构、球队及教练员个人用于比赛技术统计，国际足联及五大联赛的技术统计都在利用这种观察模式。

一、比赛四个时段的概念

（一）比赛四个时段概念及其要义

比赛四个时段是指根据观察和分析比赛的需要而把比赛过程所做的人为细分，即分为由守转攻（瞬间）、组织进攻（过程）、由攻转守（瞬间）和组织防守（过程）四个时段[1]。在比赛不同的四个时段里（见图3-4），球队的战术布置及对队员的行动和技术要求是不同的，根据比赛场景的不同，每一个队员都有不同分工和配合行动，也就是每一个时段都需要有特定的战术打法的设计，而在当今足球比赛攻守转换快速的条件下，要求队员必须高度集中注意力和不停地变换思维，如此才能适应高水平比赛的要求。

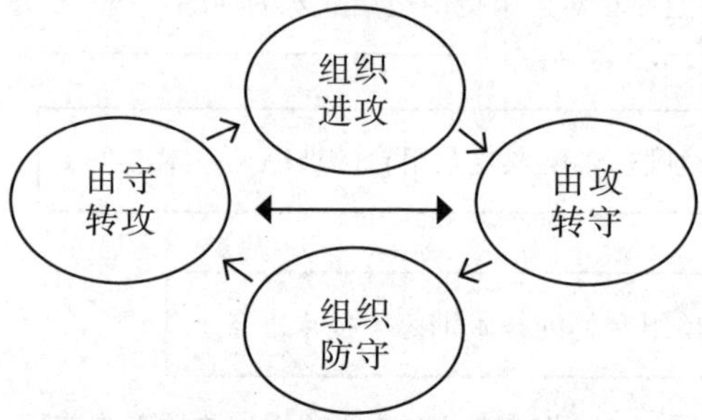

图3-4　比赛过程四个时段相互转换关系

（二）比赛四个时段概念的解读

比赛四个时段是把原本比赛进攻与防守两个过程做人为的细分，是根据观察比赛的需要把具有不同含义和特征的比赛过程加以段落区分，这样使整个比赛更加条块清晰。比赛表现能够最直接、最综合地反映队员个人能力状况，比赛观察是发现问题最简捷、有效的方法，但准确地发现比赛中的问题往往是教练员难以做到的。把比赛分为四个时段利于教练员观察、分析及明确比赛的问题，利于有针对性地设计和组织训练，也利于队员形成对比赛过程的认识和理解。四个时段划分是一种观察和分析比赛的模式，能够帮助教练员更好地驾驭训练和比赛过程，可以帮助队员建立各种不同局面下的行动目标和准则。教练员要真正驾驭和控制训练过程，必须准确地把握队员的现实情况及存在问题，还要能够正确地分析问题的原因所在，而这一切都必须来自细致的比赛观察，还需要截取各种典型的比赛片段。四个时段划分有助于教练员准确、有效地观

[1]　范林根. 足球训练[M]. 杨一民，李飞宇，李连胜，译.北京：人民体育出版社，2002：24-28.

察比赛，有助于有针对性地制定训练的目标和规划，教练员临场训练也要通过四个时段的观察来做判断和指导。少儿阶段的各种小型比赛，同样可以按照四个时段模式来观察和分析比赛，这也是教练员成长的重要阶梯。

二、比赛四个时段划分的意义

（一）由守转攻与由攻转守两个瞬间

足球比赛的任何一方实际上只有进攻和防守两个过程，也就是说，两个队始终处在进攻与防守两种状态的交替变化之中。把由守转攻和由攻转守两个瞬间时段细分出来，是因为对这两个比赛瞬间的观察和分析，对于训练和比赛都特别重要。比赛四个时段的解读被列为各级教练员培训的课程内容，这种“四段模式”除了利于观察和分析比赛之外，主要是由守转攻和由攻转守两个时间点具有突出的战术意义，比赛中两个瞬间的把控往往是改变比赛局势和决定胜负的关键。随着足球技战术水平的提高和攻守转换速度的加快，由守转攻和由攻转守两个瞬间被称为创造战机的“时间窗”，其中包藏着很多可以利用的玄机。因为一方由守转攻之时对方防守阵型一般处于拉开和前压状态，防守漏洞相对比较大；而由攻转守的时刻也同样是对方进攻的有利时机，也是本方防守要解决的关键问题。所以，这两个时刻是球队防守需要关注和进攻需要加强的时刻。

（二）比赛四个时段划分的意义

第一，按照“四段模式”分析比赛可以使复杂的比赛场面简单化，使得对比赛的观察更有层次，利于更清晰、准确地发现问题，这是比赛观察细化的要求。第二，“四段模式”可以套用到训练过程的指导中，使训练更有针对性，利于队员领会、理解教练员的意图和解决训练的问题。第三，“四段模式”利于帮助队员认清不同的比赛局势，以利于在各种比赛情况下都能够遵循攻守原则和个人行为准则，有目的地采取合理的行动。第四，“四段模式”除了利于观察对手及指导本队的比赛和训练，还利于比赛的量化分析，球队的战术设计及其人力部署与变化等常常玄机在此。

第五节 比赛场景

比赛场景是足球训练过程中使用的概念或术语，是教练员在训练中设置特定的近似比赛的场面。让队员更多地处于所设定的比赛场景中进行训练，目的是让队员在训练中始终联想比赛场景，以利于更好地提高对比赛的适应能力。无论是技术训练、战术训练还是体能训练，教练员都要尽可能地设计近似比赛实战的环境条件，所以比赛场景不一定是真正的比赛场景，对于这个概念及其训练运用我们需要做专门的探讨。

一、比赛场景的概念

（一）比赛场景概念及其要义

比赛场景一般是指根据训练需要专门从比赛中截取的队员都知道的某一典型的比赛场面，再把这一场面通过教练员的设计移植到训练过程并使之在训练中反复出现。一般截取的典型比赛场面是教练员想通过训练解决的比赛问题，也就是把这一比赛问题作为训练主题，让队员在训练中反复应对和适应，进而达到解决问题和提高队员能力的目的。合理地设计比赛场景，利于激发和调动队员的积极性，也使训练更有针对性和目的性。

（二）比赛场景概念的解读

德国著名教练勒夫在考察切尔西、阿森纳和曼联等俱乐部球队训练时得出结论：欧洲所有顶级俱乐部都高度重视比赛场景训练，就是反复有针对性地进行某一比赛场景下的训练[1]。比赛场景的概念主要是出于训练的需要，是要

[1] 克里斯托夫·鲍森魏因.勒夫：美学家，战略家，世界冠军[M].王凤波，译.北京：北京出版社，2016：100.

通过训练解决比赛中某种场景下的进攻或防守的问题。一般所说的从比赛中提取素材就是截取某一比赛场景，比赛中每一个片段、每一个瞬间都可以成为一个比赛场景，但更多的比赛场景是不重要或无关乎训练的。所以比赛场景的选取，首先要看比赛中存在的典型问题，这些问题可以是针对个人技术技能的，可以是进攻战术打法的，可以是防守阵型排列的，也可以是体能的等，当然主要是比赛细节问题。比赛场景是国际足球培训高频率使用的概念，截取和设计比赛场景是为了使训练更有针对性。典型比赛场景的选取有很大的主观因素，可以说教练员的观察能力、业务素养和判断决策能力是训练取材的关键。选取及设计比赛场景一定要从球队训练的实际需要出发，这是给教练员提出的基本要求。

二、几种典型比赛场景介绍

典型比赛场景主要是根据组织训练的需要，从比赛中截取重要的具有代表性的比赛场景片段。典型比赛场景应当包含一些要素，一般是重要的场景片段，大家关注的焦点，对比赛结果有影响或反复出现的问题，球队需要解决的问题等。那么如何判断、选择和截取训练所需要的典型比赛场景呢？我们需要学习欧洲国家观察和分析比赛的方法，例如：采用比赛四个时段划分，“6W+1H”比赛观察模式，射门与被射的形成等，把比赛过程做细分和突出重点，也就是说，比赛观察与比赛场景截取是有据可循和有法可依的。以下介绍几种典型的比赛场景及其截取方法。

（一）比赛射门与被射的场景

比赛中每一次本队完成射门与被对方射门都是值得截取和分析的重要训练素材，特别是进球和被进球的场景更是训练的重要依据。比赛中形成射门的情形很多，如远距离射门、近距离射门、运球射门、接球射门、用脚射门、头顶射门、个人突破射门、配合射门、反击进攻射门、渗透进攻射门等，以上每一种射门还可以细分，所以比赛射门场景可截取的素材很多，但每一个比赛场景都与队员所处的状态、成长阶段、技术能力等不同因素相关联，教练员截取素材肯定要有相应的针对性和目的性。

（二）由守转攻与由攻转守的场景

比赛中由守转攻和由攻转守的两个瞬间，是根据比赛观察和组织训练的需要而对攻守转换所做的细分，是因为每个队在这两个瞬间都需要做严密的部署和强化训练。实际上，比赛双方一个队由守转攻即是另一个队由攻转守，有时候从由守转攻到由攻转守的时间短暂，所以曾经把这两个时段统一称为“攻守转换瞬间”。这两个瞬间会有很多可以截取的比赛场景，例如：由守转攻的第一点进攻与由攻转守的第一点封堵；由守转攻时目标人的跑位与由攻转守时的防守漏洞；由守转攻时的进攻线路与由攻转守时的防守协同行动；由守转攻时的推进方式与由攻转守时的防守移动线路等。

（三）组织进攻与组织防守的场景

比赛中的由守转攻或由攻转守都只是短暂的瞬间，之后更长的时间是处在组织进攻与组织防守的过程中。在这样的两队攻守拉锯过程中有很多可以截取的典型比赛场景，例如：组织进攻核心队员的技术特点与防守后腰的弱点和不足；进攻锋线队员的跑动方法与防守后卫队员的缺点；进攻前卫队员的接应前插习惯与防守保护换位的不足；进攻后卫队员的前压助攻与防守过程前卫队员的补位等。

（四）各种定位球及其他典型比赛场景

各种定位球进攻已经成为现代足球比赛进球得分的重要手段，所以无论定位球进攻或防守都会得到每个队的高度重视。定位球进攻与防守包括任意球进攻、任意球防守、角球进攻、角球防守、罚球点球进攻与罚球点球防守几种，是一种特殊的比赛场景，但都需要作为训练素材截取及利用。其他需要截取的比赛攻守场景还有很多，例如：各个场区进攻阵型的排列及其左右拉开距离与前后站位间距的保持；各个场区防守阵型的排列及其左右收缩距离与前后站位的方式方法；决定比赛胜负的重要进攻或防守的比赛场景；重要队员进攻或防守行动的典型比赛场景等[1]。

第六节　训练模式

训练模式是训练实践及在各种国际国内足球培训中都大量使用的术语，很多国际培训都把某些训练模式拿出来做专题讲授，这些情况要求我们必须准确地把握这一基本概念。训练模式可以理解为一个或一套得到成功印证的训练方法，但真正理解训练模式的概念还是需要结合典型训练模式来进行分析和说明。

一、训练模式的概念

（一）训练模式概念及其要义

训练模式是指广大教练员已经习惯使用和易于运用在足球训练过程的，被普遍认可并经过训练实践证明是成功和有效的训练方式方法。训练模式是一种训练方法，但意思又不完全相同，其关键点是训练模式具有众所周知的公众认可性。足球训练模式是国际交流与培训中经常使用的重要基本概念，作为足球从业者都需要探索自己的训练模式。

（二）训练模式概念的解读

训练模式并不像足球训练要素、足球基本功那样有很多专门的诠释，但在很多欧美国家的足球图书中都有提到，来华讲学的德国、荷兰、阿根廷及巴西的专家都有提到这个概念。国内的很多专家和教练员也多使用这一词语，而且很多运动训练学和足球专业教材也都有训练模式概念的阐述。足球训练模式是一个很宽泛的概念，可以用于概括一个国家足球训练的整体构成，例如：德

[1]　各种比赛场景及具体细分的内容源于国际足联历届世界杯比赛技术统计报告的技术统计指标。

国队备战2006年世界杯的训练被称为“克林斯曼模式”，荷兰青少年训练提倡的“小型比赛模式”等。还有可以用于概括教练员个人的某种训练方式，例如：穆里尼奥借用英文字母形状训练传接球的方式被称为“穆里尼奥模式”，瓜迪奥拉的一套快速短传训练方法体系被称为“瓜迪奥拉模式”等。还有以某种图形命名的训练模式，例如：“三角形训练模式”“方形训练模式”“Y式传接球训练模式”等。以某种特定方式的训练模式，例如：“半场攻守训练模式”“两边设墙训练模式”“大强度间歇训练模式”等。此外还有为了帮助队员理解教练员意图的训练模式，例如：“冻结模式”“提问模式”“放慢模式”等。足球训练模式非常之多，科学和高效的训练一定要采用各种不同的训练模式，以激发队员的积极性。但是训练模式多样并不代表训练水平高，各种训练模式的采用一定要建立在先进训练理念的基础上，否则训练又容易陷入有名无实和华而不实中。

二、几个典型训练模式介绍

（一）小型比赛训练模式

小型比赛训练模式是指荷兰青少年足球训练以小型比赛为核心和主导的训练方式，是把十一人制比赛做减少人数、缩小场地及简化规则的处理，训练过程要加入足球训练的六个要素[1]。小型比赛训练模式并不否定基本技术训练和各种专门的身体素质训练，而是一种训练思维的改变，哪怕纯技术练习也要结合比赛需要和按照比赛的要求，技术练习要尽快过渡到与比赛实战相结合，就是采用小型比赛的方法，比赛中在观察进攻目标、观察队友与对手的同时完成技术，所谓“技能转化训练”和“比赛场景训练”多数是采用小型比赛训练模式。切记，我们以往所说的“先学会走再学习跑”训练思路并不适合足球训练，先进的足球训练理念认为“在比赛中可以学习、复习和提高技术”。

[1] 刘夫力. 小型足球运动手册[M]. 北京：北京体育大学出版社，2004：1.

（二）比赛导入训练模式

比赛导入训练模式是指在训练的主题部分，首先按照预先的设计进行一段短时间的比赛训练，从比赛中发现典型的问题和不足，进而引导队员认识自己的不足，再进入基本的技术准备训练。比赛导入训练模式源于教育理论“情景导入模式”，这样可以激发队员的训练积极性和潜能，利于更好地达到训练目的。比赛导入训练模式，是荷兰讲师团在1999年来华培训时所做的一种训练方法示范，当时给大家极大的触动，普遍认为值得提倡和效仿。但在德国、英国、西班牙等国家这种训练模式并不多见，也就是这一模式在国际上并不流行，大家仍然习惯采用传统的“递进模式”。这种比赛导入训练模式在我国也没有得到普及，但有一种错误认识，就是认为只有在训练达到一定水平时才可以使用，这完全是唯心的和需要纠正的，所有训练水平的球队，包括第一次参加训练的少儿都可以采用这种比赛导入训练模式。与传统的“递进模式”不同，完整比赛导入训练模式的主题部分分为五段，即比赛演练、技术准备、战术准备、比赛场景、比赛实战。比赛导入训练模式的构思过程与真实训练过程的内容顺序是相反的，被称为“降阶式”或“倒推式”的训练设计，是从比赛实战中提取素材，之后按照解决问题的需要设计比赛实战训练内容，再设计比赛场景训练内容和战术准备训练内容，最后设计技术准备部分的训练内容，而实际的训练过程则是按照比赛演练—技术准备—技能转化—比赛场景—比赛实战的顺序设计训练课教案（见图3-5）。

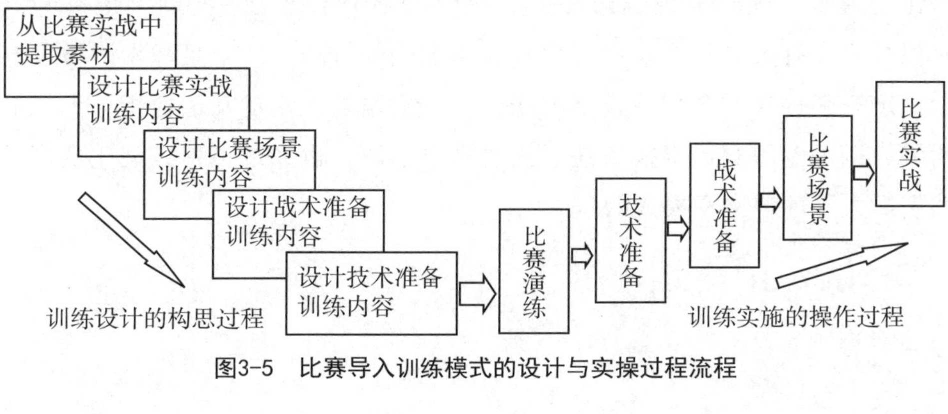

图3-5　比赛导入训练模式的设计与实操过程流程

（三）比赛中指导训练模式

比赛中指导训练模式是指在与比赛完全相同的环境条件下，让两个队进入比赛对抗状态，在比赛中发现所要纠正的典型问题时叫停比赛，指出问题和纠正错误。比赛中指导训练模式需要在经过一段时间的训练及有一定的训练积累之后采用，一般在正式比赛之前的训练中采用较多，这种训练模式要与“冻结模式”“提问模式”“放慢模式”等相结合使用。

（四）循环训练模式

循环训练模式是指借用运动训练学循环练习法的原理，把训练分成几个内容和分设几个训练的站点，队员依次或依次分组轮换在每一个站点做练习，以达到训练目的。循环训练模式在德国、西班牙、葡萄牙、荷兰、巴西等国被用于少儿训练，是深受孩子喜爱的训练模式，已经成为足球发达国家普遍认可和行之有效的训练模式。其实道理很简单，孩子喜欢新异刺激，不断变换练习内容易于激发孩子训练的积极性，如果把各个站点的训练内容做好快与慢、大强度与小强度、难与易的搭配，那么训练就更容易达到高效。其实不止少儿训练，职业队训练也都在大量地使用这种循环训练模式。

第七节　比赛模式

比赛模式是国际上被普遍和大量使用的一个术语，一些图书也有专门提及，但一直没有人对什么是比赛模式做出准确的解释。一个足球术语被普遍认可，一定有其存在的合理性及其内在含义，根据认识比赛及比赛指导训练的客观需要，以下专门对比赛模式这一概念做出解读，也通过各种典型比赛模式的介绍帮助大家理解比赛模式的概念。

一、比赛模式的概念

（一）比赛模式概念及其要义

比赛模式是指教练员根据自己对比赛的理解，设计并让队员在比赛中贯彻执行的整体攻守打法及具体战术和技术行动的原则，是队员在各种比赛场景下按照统一要求做出应对的方式方法。比赛模式是每一个教练员都需要思考和设计的基本比赛构思，比赛模式设计的合理性、可行性及水平，取决于教练员的专业知识、训练经验和职业素养等多方面的综合能力。

（二）比赛模式概念的解读

比赛模式简单说就是让队员怎样去比赛，包括全队整体的比赛战术打法设计及其临场应对方法，也包括队员个人在各种不同比赛场景下的应对方法。比赛模式包含了比赛最顶层的比赛战略，又包括每个队员所有的战术行为和技术处理的方法。所以比赛模式是一个既宏观、复杂的大概念，又包罗比赛场上所有的具体、简单的技术操作。比赛模式的建立需要教练员以长期训练经验的积累为基础，要大量和深入地考察高水平的足球比赛，了解各种比赛战术打法的成因及其各自优势、特点与不足，而后在权衡自己所带球队的档次和队员实力的基础上，再按照个人喜好和追求而构建比赛模式。一个比赛模式的确定与众多的因素有关，例如：教练员的球员成长经历，教练员所受的教育和文化程度，教练员所在国家或地区的足球战术打法与风格，教练员接受培训及其引领者的认知高度，教练员的足球智力及其创造能力等。比赛模式与比赛模式之间差异甚大，即便都是世界高水平的球队，其比赛模式也会迥然不同，比如：德国队与西班牙队的比赛模式不同，意大利队与巴西队的比赛模式不同，巴塞罗那队与皇家马德里队的比赛模式不同等。每一个教练员的比赛模式都是独特的，都需要以大量的训练实践与理性思考为前提，每一个教练员对比赛都有各自的认识和理解，所以足球比赛模式一定有着很多个性化的成分。

二、几种典型比赛模式介绍

（一）顶级比赛模式

顶级比赛模式是指一个教练员经过先进足球思想、文化及理念的熏陶和教育，达到极高的执教境界和水准，也经过对现代最高水平足球比赛的综合考察，进而形成对最高水平球队所设计和实施的比赛方式方法。一个顶级比赛模式的形成是有条件的，作为设计顶级比赛模式的教练员，自己必须有高水平的训练和比赛的经历，经过专门的教练员资质学习，有长期的执教实践及取得很高的成就，而且手里还要有一支具备参加顶级比赛能力或潜质的球队；此外，教练员的卓越领导才能、人格魅力和优良外部条件等也都是不可缺少的因素，这样才有可能完成顶级比赛模式的设计和实施。当然，每一个教练员都可以根据自己的理想比赛模式去设计他的顶级比赛模式，顶级比赛模式的战术打法和风格特点也会有巨大的差异，但是一个顶级比赛模式的形成必须经过教练员不断地执教实践，以及不断地从小的成功走向大的成功，只有成为一个顶级的教练员之后才有可能拥有一批具备顶级实力的优秀队员。一个国家的足球要走向强大，需要建立这种顶级教练员的培养体制与机制，需要营造教练员成长的环境和融入世界足坛的大平台，这样才可能有机会进行顶级比赛模式的设计与实施，否则一切都是空谈。

（二）国家队比赛模式

国家队比赛模式是指一个国家队教练员根据长期实践、学习和经验总结，融合本国民族气质和传统战术打法而进行的训练与比赛的系统设计，进而针对国内最优秀队员组合而贯彻实施的比赛方式方法。一个国家队的比赛模式会受到多种因素的影响和制约，但其中的主导因素是教练员，最重要的决定性因素是队员的构成及球队的整体实力，国家队比赛模式也一定会受到地缘、国家与民族气质等因素的影响，所以作为国家队教练员的比赛模式设计要权衡各种因素的利弊关系，因势利导地促成最优化的国家队比赛模式。国家队比赛模式设计关系到国家队的竞技实力、战术打法与比赛风格等问题，也应当是本国职业联赛的榜样，也对各级青少年国家队的建设、俱乐部的青少年训练起到引领和导向的作用。所以一个国家队的比赛模式应当是先进足球理念的代表，应当以国家队能够最大限度地发挥整体实力为前提。显然不同国家的比赛模式有着水平与风格的差异，当然，德国和西班牙的国家队肯定是顶级的比赛模式，是更值得我们学习和研究的比赛模式。

（三）职业俱乐部队比赛模式

职业俱乐部队比赛模式是指一个俱乐部的当值主教练根据自己形成的训练和比赛理念与认知，结合本俱乐部所在地的民风民情、人的性格特点及俱乐部传统打法与风格等所设计的最能发挥本队队员能力和整体实力的比赛方式方法。足球运动社会影响巨大，同时有着巨大的社会效益和经济效益，职业足球俱乐部的比赛受到地方和国家的重视，高水平俱乐部比赛已经达到和超越世界顶级水平，很多顶级水平的教练员都专职执教俱乐部球队。所以职业俱乐部球队的比赛模式设计，往往凝聚着更多的智慧和更高层次的足球思维，其比赛也更加赏心悦目，所创造的社会价值和经济价值也更高。

可见，足球比赛模式是每一个足球教练员都需要不断思考和探索的比赛方法设计，教练员只有不断钻研和加深对比赛的认识和理解，才能逐渐形成更加高深的足球素养，也才能使训练工作更加高效和符合比赛实战需要。任何成长阶段的足球队都有着特殊的适合自己的比赛模式，所以无论是高水平的专职教练员还是业余教练员，都需要坚持不懈地探索科学和合理的足球比赛模式，进而建立相对完善的个性化比赛模式并以此指导足球训练。

第八节 比赛观察

比赛观察是一个很宽泛的概念，教练员、队员及观众都有比赛观察的问题，这里所说的比赛观察是那种专门组织和带有明确目的性的观察。比赛观察主要是“知己知彼”里的“知彼”，是通过比赛观察了解对手。当然，比赛观察还有其他的寓意，这里通过比赛观察概念及其解读和比赛观察内容与方法的介绍，全面了解比赛观察的问题。

一、比赛观察的概念

（一）比赛观察概念及其要义

比赛观察是指出于了解和准确把握对手和本队队员情况或考察比赛的需要，组织人力及采用一定的方法和手段对比赛过程及队员表现所做的系统考察、技术统计及量化分析的全过程。比赛观察一般主要是出于了解队员和考察比赛的需要，而比赛与训练又是紧密相连和统一的关系。比赛是训练的一部分，训练是围绕比赛需要所展开的，所以有时候训练过程的观察也非常重要，有时候又被称为“训练与比赛观察”。

（二）比赛观察概念的解读

无论是教练员还是科研人员的比赛观察，都是为了做到知己知彼和做好备战的需要，不同于业余爱好者出于休闲娱乐而欣赏比赛，也不同于队员场上的观察与阅读比赛。比赛观察一般是一种专门组织的对比赛所做的综合考察，还包括比赛之后的录像观察、统计记录和综合分析，一般要用数据结合文字分析的形式撰写比赛分析报告。国际足联和欧足联都高度重视大型比赛的考察工作，每逢大型比赛都要委派大批专家做比赛观察及研究工作，所以比赛观察已经成为一个重要的基本概念。比赛观察是探索足球发展趋势和比赛攻守规律的重要途径与方法，大型比赛的观察还要组织人力、设计方案、采用高科技手段及撰写技术报告等，很多大型比赛还出版技术调研报告或专著。比赛观察是教练员的一门功课，是了解对手和有针对性地备战的需要，而且比赛观察是教练员执教最灵动、最生动的教材，是获得训练灵感、获取训练素材、完善比赛模式及提高专业素养的需要。欧洲人按照他们的逻辑概括了比赛观察对于教练员的意义：第一，做好训练工作的关键是观察比赛和准确抓住比赛中的问题，训练的第一步是观察比赛；第二，比赛观察是发现问题及评估队员的最好方法，比赛能够最直接、最综合地反映队员的能力；第三，比赛观察是最好的了解对手和本队不足与问题的途径，是下一步训练目标、内容制定及训练方法选择的依据；第四，训练和小型比赛观察也是教练员观察能力培养的重要内容，是提高比赛观察能力的重要阶梯。

二、比赛观察的内容与方法

（一）比赛观察的内容

比赛观察一般是出于了解比赛对手与己方队员情况的需要，还有就是国际足球组织或国家足协出于技术考察的需要。无论出于何种目的，比赛观察都是以单场比赛为单位的。每一场比赛的观察，首先要了解双方球队的基本情况，基本情况包括比赛阵型、换人、阵型特点及变化、球队实力与发挥、战术变化等，在此基本情况观察的基础上再观察比赛的其他主要和焦点内容。比赛观察的主要内容一般如下。其一，射门和被射门：包括形成射门或形成威胁的过程，特别是进球过程的观察与记录；被射门或险球的形成，特别是被进球的过程观察与记录。其二，定位球攻守：包括定位球进攻情况与定位球防守情况的观察与记录。其三，重点队员：包括组织者、得分手、防守核心等2~4名队员表现情况的观察与记录。其四，重要比赛场景和重要胜负因素：包括5~8个比赛片段或过程的观察与记录。其五，对方最主要的优势或弱点：主要是对某个局部或个人的观察与记录，特别是进攻得分手段及防守弱点的情况[1]。

（二）比赛观察的方法

比赛观察所设定的双方基本情况及主要观察内容，实际上也是比赛观察的

[1] 比赛观察内容来自2012年亚洲U16少年锦标赛中国足协调研组的技术统计指标。

方法问题。而把以上主要内容再做细分及通过设计统计表格做技术统计，同样是比赛观察的方法问题。比赛观察采用“四段模式”和“6W+1H”模式、制作比赛技术分析软件，以及各种比赛技术统计表格的制作及其统计操作等，都是为了更有效、准确、客观地做好比赛观察，其中的技术手段也好，数学手段和科技手段也好，都是为了满足比赛观察所需要的方法问题。每一种比赛观察方法都有其各自的优势，又都存在自身的不足，比赛观察不可能是单一地采用一种方法，肯定是各种方法并行和交叉地使用，例如：每一个观察内容都可以采用“四段模式”，都需要技术统计和比赛分析软件的支持。再如：技术统计和比赛分析软件的设计，都需要确定主要观察内容的架构，都需要把过程划分为四个时段等。比赛观察最终采用何种方法还是需要根据观察的具体目的与任务，而且比赛观察需要依靠经验与科技手段的结合。

荷兰的“6W+1H”比赛观察模式是一种高效和实用的观察方法，是借鉴西方历史学研究必备的“5W+1H”几个要素，即何时（when）、何地（where）、发生了什么（what）、何人（who）、为何发生（why）和怎样发生（how）[1]。荷兰人把历史学的研究方法用于足球比赛观察即重新构成“6W+1H”模式，并转而把6个W打头和1个H打头的英文疑问词各自代表一定的意思（见图3-6）。7个疑问词恰好各自可以代表重要的比赛信息，“6W+1H”模式等于把每一个比赛观察内容都做了细分，例如：把四个时段的每一个时段细分成“6+1”种情况，这样每一个时段的比赛信息都可以清晰呈现于笔端，同时可以找到各种问题的根源和解决方法。这种“6W+1H”模式显然可以与四个时段观察、比赛主要问题观察及技术统计表格等并行使用，根据不同比赛观察的需要，“6W+1H”模式既可以作为母项观察内容，也可以作为子项观察内容，例如：“四段模式”与“6W+1H”模式可以互为子母关系。显然，“6W+1H”模式的比赛观察可以简洁、贴切地记录比赛场景，可以更直观、形象和具体地反映比赛过程，是对比赛问题进行分析和形成对比赛整体认

[1] 王笛.用微观史学方法展现“袍哥”[N].南方都市报，2018-12-25（6）.

识的重要方法[1]。

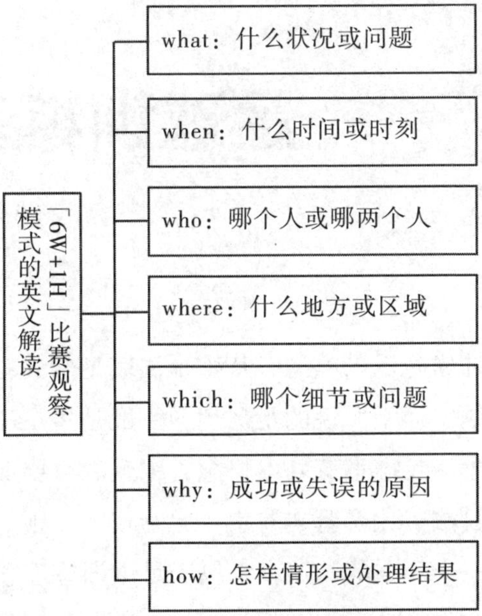

图3-6　“6W+1H”比赛观察模式的英文解读

[1]　谷明昌. 现代足球理念[M]. 北京：北京体育大学出版社，2005：27-28.

第四章 足球训练基本理念

足球理念是一个非常宽泛的概念，从整个国家足球战略到一项技术的训练方法，都存在理念的问题。通常所说的足球理念一般是指足球训练理念，前文探讨的足球本质、足球概念、足球训练基本概念，以及后文要探讨的现代足球发展趋势、比赛阵型与战术打法、比赛基本要素、比赛攻守原则等问题，还有“足球训练基本方法”部分每一个问题的阐述，都属于足球训练理念的研究范畴。

有专家对我国足球总结如下：“我国足球落后的主要训练学原因是训练理念落后”[1]；“足球青少年阶段的训练质量决定职业阶段的竞技能力，中国足球与世界的差距是落后训练理念与先进理念抗争的结果”[2]。这两句话道出了我国足球落后的根源是训练理念落后。关于足球训练理念的重要性也早有专家做了如下概括：“足球训练理念的先进或落后反映的是对训练本质和规律认识的深入或肤浅，决定着教练员的素养及训练内容和方法选择与运用的合理性，最后决定着训练的质量。”[3]

足球训练基本理念顾名思义就是足球训练根本和核心的理念，广义上包括训练与比赛两个方面的内容，狭义的足球训练基本理念是单指足球训练方面的基本理念。本章以整体的足球训练理念探讨为铺垫，之后主要探讨狭义的足球训练基

[1] 谷明昌. 现代足球理念[M]. 北京：北京体育大学出版社，2005：4.

[2] 王民享，吴金贵. 现代欧美足球训练理念与方法[M]. 北京：北京体育大学出版社，2006：65.

[3] 谷明昌.足球是什么[M]. 北京：北京体育大学出版社，2012：1.

本理念问题，目的是形成对足球训练过程控制的认识基础及明确其基本准则。

第一节 足球训练理念及其基本特征

足球训练理念及其基本特征的问题是更宏观的探讨，是足球训练基本理念问题研究的重要铺垫。足球训练理念是一个内涵丰富和外延广阔的概念，其中的足球训练基本理念是本章探讨的核心问题，足球训练理念及其基本特征的探讨是希望从原点和更大的视野，找到足球训练基本理念的定位及其重要性。所以以下有关理念、足球理念、足球训练理念及足球训练理念特征等一系列问题的探讨是本章核心问题论述的必要前提。

一、足球训练理念的概念及其分类

足球训练理念的概念及其分类的问题是足球训练基本理念探讨的重要铺垫，可以使我们更清晰和准确地定位足球训练基本理念的问题。问题探讨包括三个部分，即足球训练理念的概念、足球训练理念与概念的关系及足球训练理念的分类，希望通过以上问题的探讨能够为足球训练基本理念研究打开通道。

（一）足球训练理念的概念

“理念”一词是目前世界各国各行各业都在使用的热词，而足球又始终是社会的热点，所以足球训练理念问题自然备受关注。“理念”一词有着不同的解释，本著所说的理念就是哲学。哲学是关于思维方法的学科，我们必须承认哲学对于足球训练的指导意义。按照逻辑推导，足球训练哲学是关于足球训练一系列基本问题的科学认识方法的学问，是把问题按照其本质和规律所做的概括性的阐述[1]。若把理念等同于哲学，那么足球训练理念就是足球训练哲学。

---

[1] 刘夫力. 中国足球的突破口——理论思维的突破与理论系统构建[J].广州体育学院学报，2012（1）：63-66.

由此可以对足球训练理念的概念阐述如下：足球训练理念是指足球训练主体在长期的训练实践和理性思考的基础上，形成对足球训练诸多本质属性和规律的正确认识，进而确立的相对稳定的有关足球训练方面的原理和准则。一个国家也好，一个个体的教练员也好，足球训练理念是否具有先进性和科学性，决定训练水平所能够达到的高度，所以训练理念问题的探讨是足球理论研究的必然选项。

目前，国际上对足球训练理念的认识已经趋于同步，我们能够理解并在训练中把握先进理念，也就保证了发展方向的正确；反之，如果我们对训练理念的认识有偏差，就会出现训练思路错误及训练投入的事倍功半[1]。

（二）足球训练理念与概念的关系

足球训练理念与足球训练概念是互为前提，你中有我、我中有你的辩证关系，见图4-1，两者都是足球训练实践所要面对的基本理论问题。第一，足球训练实践需要理论体系的支撑，理论研究的逻辑起点是足球及足球训练概念的研究，而概念探讨的目的是形成科学的理念，两个问题的探索有很多的交集，两者均是足球训练理论体系构建的基本前提。第二，足球训练理念是足球训练首先要面对的问题，训练理念包含训练概念的内容，是先有训练理念的构思，而后才有对训练概念的探索，训练概念是训练理念研究的内容。第三，训练概念是形成训练理念的前提，没有建立正确的训练概念也就无法形成科学的训练理念，一系列训练概念的探索是认识足球训练本质的基本理论问题，是包括训练理念在内的其他一系列理论问题探索的基础。第四，足球训练的概念一般不能直接指导足球训练实践，训练理念则是直接指导足球训练实践的基本准则，理念既要依据概念而确立，同时也必须按照训练实践的需要而确立，并且理念的意义更侧重于指导足球训练实践。第五，两者来源于足球训练实践又回归和统一于实践过程。认识来源于实践是哲学常识，但两者回归和统一于实践过程的问题还需要进一步说明，

[1] 2006 FIFA World Cup Germany. Report and Statistics[R]. FIFA，2006：47.

这是指基本概念融合于基本理念之中，间接作用于实践，最终与基本理念一起回归实践，而且概念正确与否也需要实践的检验。理念指导实践，是概念的延伸，两者不可分割，必然完全统一于足球训练过程。

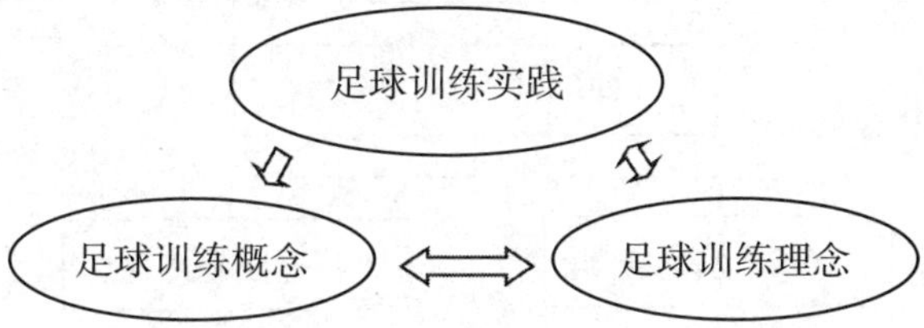

图4-1　足球训练理念、训练概念及其与训练实践的关系

（三）足球训练理念的分类

足球训练理念是一个包罗万象的宽泛概念，从训练的宏观设计到具体方法的实施，有关训练方方面面、大大小小的问题都属于足球训练理念研究的范畴。国家层面的足球训练理念需要更加宏观和寓意丰富，训练方法层面的理念则需要具体和富于灵性，不同层面训练理念的阐述也会有繁简之分。为了更清晰地了解足球训练理念及其研究范畴，依据逻辑学分类的原理与方法，也根据足球训练实践的需要，可以把足球训练理念大体分类如图4-2所示。从图中可以看到足球训练基本理念在整个足球理念体系中所处的位置，同时可见足球理念是一个庞大的理论体系，需要不同层级、不同类型的足球从业人员的共同探索。足球训练基本理念包括训练和比赛两个方面，其中比赛方面的基本理念将在后续的章节中探讨，本章只探讨训练方面的基本理念，即本章的研究把内容限定在狭义足球训练基本理念的范畴。狭义足球训练基本理念的研究是单就训练的方面而言，是要从指导足球训练的实际需要出发，把训练方面的基本理念分成不同的层面，再通过科学论证确立各个层面基本理念的概念及其理念阐述，如此也就从不同角度和层面都建立了有效控制足球训练的基本准则。

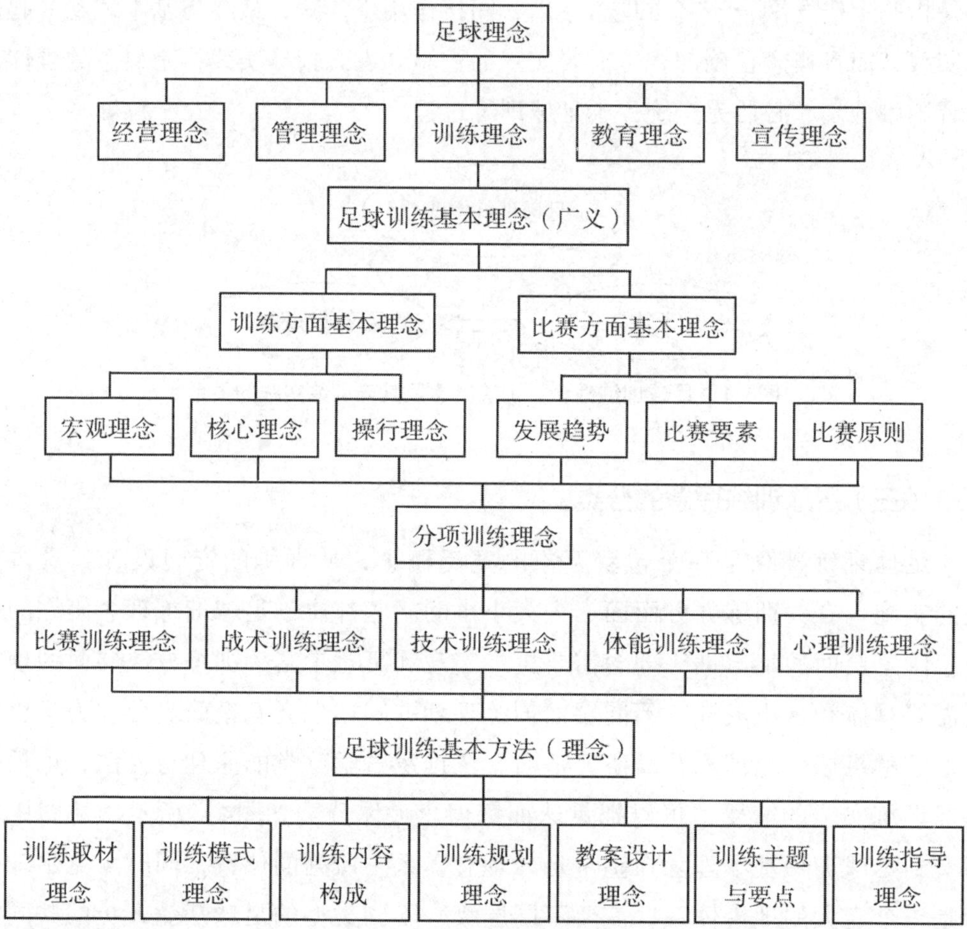

图4-2　足球训练理念的分类

二、足球训练理念的基本特征

足球训练理念的基本特征是我们对足球训练理念的重要描述，也是深入理解足球训练基本理念的一把钥匙。借此足球训练理念基本特征的主题，共探讨三个问题，包括“理念”一词的解读、“理念”一词被用于足球训练及足球训练理念的基本特征，其实下文所阐述的足球训练理念基本特征也是所有足球理念共有的基本特征。

（一）“理念”一词的解读

本著的主要议题是探讨足球训练基本理念，作为一种学术研究，从逻辑上需要对“理念”一词做一个专门的讨论。深入了解“理念”一词的由来和深意，利于我们理解足球训练理念及足球训练理念的特征。“理念”是出自旧哲学的名词。柏拉图的哲学中的“观念”通常被译为“理念”；康德、黑格尔等的哲学中的“观念”是指理性领域内的概念，有时也译作“理念”。《辞海》对“观念”一词的解释有两条，其一是“看法、思想。思维活动的结果”；其二是“观念（希腊文idea）。通常指思想，有时亦指表象或客观事物在人脑里留下的概括的形象”[1]。由以上两种解释不难发现，概念是对对象的抽象和概括，而理念是人们的思想活动和看法。理念即看法、思想或思维活动的成果。旧哲学流派中具有代表性的对理念含义的概括，康德在《纯粹理性批判》中指出，观念亦称“纯粹理性的概念”，指从知性产生而超越经验可能性之概念。此之观念多被译为“理念”。柏拉图的“理念论”认为：事物不过是理念的不完善的“摹本”或“影子”；所谓理念事实上是把人从个别事物中抽象而得的普遍概念加以绝对化，并把它说成是事物的原型；这种永恒不变的理念的总和构成理念世界[2]。综合各种观点做一概括：理念就是理性化的想法，理性化的思维活动模式或者说理性化的看法和见解，它是客观事实的本质性反映，是事物本质的外在表征。本著前文足球训练理念、概念的确定，也是把以上对理念的认识和解读作为重要的依据之一。

（二）“理念”一词被用于足球训练

20世纪90年代中后期的欧美足球图书和足球专家，开始大量用到“philosophy”即“理念”这一词语。“理念”一词由此被足球界引用并迅速得到普遍认可，而且越来越多地在学术界和专业培训教材中使用，这种不可逆转的事实已经肯定足球训练理念这一概念的重要意义。系统探讨足球训练理念也越来越

[1] 辞海编辑委员会. 辞海[M]. 上海：上海辞书出版社，1989.

[2] 辞海编辑委员会. 辞海[M]. 上海：上海辞书出版社，1989.

被重视，我国要探寻足球发展之路就必须学习、消化、理解和解读现代先进的足球理念。足球训练理念探索的目的，是要对各种足球现象及其本质用简捷而有效的认识方法来加以把握，再把一系列复杂问题简约地加以阐述。欧洲是现代文明发源地之一，这得益于中世纪以来欧洲出现了大量思想启蒙的哲学家，所以欧洲被誉为哲学家的家园。因为欧洲人有着哲学思维的传统，欧洲又是现代足球的诞生地，他们兼而拥有哲学和足球的底蕴，所以欧洲有产生先进足球理念的土壤，也始终占据着足球理论思维的制高点[1]。本著前文已经对足球训练理念做了专门的解读，也说明了足球训练基本理念是本著的主要内容之一。关于足球理念特征的问题，其实包括足球理念、足球训练理念、足球训练基本理念、足球比赛基本理念等，所有的足球训练理念都具有共同的基本特征，这是我们做足球训练理念研究所需要注意的问题。

（三）足球训练理念的基本特征

足球训练理念已经成为有关足球训练的重要理论问题，我们除了了解足球训练理念的实质和重要性之外，还要了解其基本特征，如此才能更好地把握足球训练理念。如前所述，足球训练理念是经过了大量实践和对训练规律的探索过程，一种理念一旦形成就必然带有客观性和稳定性的一面，但这些并不能构成足球训练理念的基本特征。那么究竟哪些可以被称为足球训练理念的基本特征呢？依据“理念”一词的由来、足球训练理念的概念及足球训练理念与概念的关系，也根据对国内包括哲学家和社会学家在内的专家调查，可以概括足球训练理念的基本特征，见图4–3。

第一，足球训练理念的主观性。这是指每一个足球训练主体所确立的训练理念都有主观意向的成分，带有一定的情感愿望和理想追求。训练理念有其客观性的一面，同时又有很大比例的主观成分，训练理念可以侧重遵循某一个或两个规律，也可以侧重体现某一个或两个内涵，不同主体都有其各自训练理念

[1] 刘夫力. 中国足球的突破口——理论思维的突破与理论体系的构建[J]. 广州体育学院学报，2012（1）：63-66.

的主观成分。

第二，足球训练理念的多样性。足球训练主体具有多样性，而且不同的国家、地区、俱乐部及学校，足球训练都会有各自不同的训练理念。不同领导层级和类型的足球训练主体，由于有着不同的管辖范围、训练目标、主观设想、足球传统等，训练理念必然会有差异，进而体现出足球训练理念的多样性。而且每一个足球训练的主体处在不同的发展时期，都需要确立不同的训练理念。

第三，足球训练理念的排他性。足球训练理念虽然是经过长期实践探索而形成对足球训练规律的正确认知，但是由于足球训练理念具有主观性和多样性，也就是说，足球训练理念并不完全受制于足球训练客观规律，而是很大程度上取决于训练主体的主观意志，而且一旦形成融入某种情感愿望和理想追求的理念，那么就会对其他理念产生排斥和抵制，所以足球训练理念往往具有排他性。

第四，足球训练理念的实践性。足球训练理念与足球训练实践是直接相连接的，更侧重于对具体工作实际的指导。无论是宏观层面或微观层面的理念，还是基础层面或操作层面的理念，都具有实践性和应用性。而足球训练概念和规律是相对抽象的，是对足球训练某些必然性的一种概括，也相对脱离于具体实践[1]。

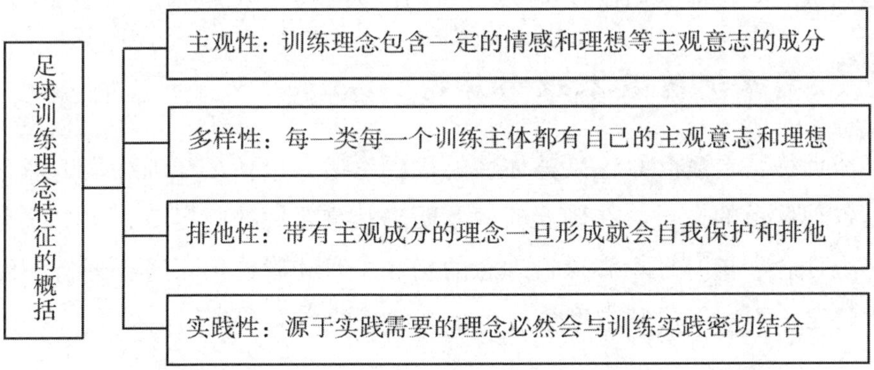

图4-3　足球训练理念特征的概括

[1]　资料来源：国家体育总局体育社会科学研究项目——我国校园足球理论体系构建的研究。

几个特性之间是相互关联和统一的关系，其中多样性和排他性源于主观性。各个足球训练主体不可能拘泥于某一种发展模式和理念，因为每一个主体都有自己不同的传统和现实，训练理念首先要考虑客观条件，但最后还是要按照主观愿望而设定，如此决定了足球训练理念的多样性和排他性。但归根结底一切都要从实际出发，确立训练理念不能陷入教条。理念问题研究的目的是达到对足球训练实践过程的认知和把握，不能陷入脱离实际而空谈理念的误区。

第二节 足球训练基本理念

足球训练基本理念同样是包罗万象的，所以问题的探讨需要整体性地对足球训练基本理念做概要的论述，要明确各个层面基本理念之间的相互关系。概要论述是以确立足球训练基本理念的概念为基础，再分析几个不同层面基本理念之间的关系问题。本节的重点是对三个层面基本理念进行全面的阐述和分析，是按照宏观层面基本理念、核心层面基本理念和操行层面基本理念的顺序，分别对三个方面的基本理念进行概念阐述、概念解读及其与训练实践对接情况的分析，这些是我们做好足球训练工作的重要认识基础。

一、足球训练基本理念总论

足球训练基本理念总论是整体性的概要论述，包括足球训练基本理念的概念及其各种关系的探讨。在确立概念及明确其重要性的前提下，主要就足球训练的宏观理念、核心理念和操行理念的相互关联和制约关系进行分析，使大家能够了解三个不同层面基本理念对于足球训练的意义和作用。

（一）足球训练基本理念的概念

依据前文一系列概念的阐述及其推导，在此可以对足球训练基本理念的概念做如下阐述：足球训练基本理念是指足球训练主体在众多足球训练理念中选择并确定的最基本和处于领导地位的训练理念，是对整个足球训练具有方向引领和决定性作用的理念，是相对恒久的足球训练基本原理和准则。前文已经讨论了训练学意义的足球训练与足球比赛的统一关系。足球训练基本理念问题的探讨，也要首先明确其训练理念与比赛理念的统一，也就是足球训练基本理念包括足球训练和足球比赛两个方面的基本理念。本章所探讨的足球训练基本理念是狭义的单指足球训练方面的基本理念。一个足球训练主体确定基本的训练理念需要长期的实践总结和科学探索，而经过探索所确立的基本理念一定具有稳定性和某一阶段的唯一性。足球训练基本理念是把握足球训练发展方向的基本准则，所以任何主体要对其足球训练做到有效控制都必须确立稳定的基本理念。我国足球事业的发展，一直缺乏思想建设和理论研究，没有形成稳定和适合我国国情的足球理念，在思想上和理念上存在严重的偏差，发展思路始终左右摇摆，造成现实的足球训练始终处于低水平状态[1]。

（二）足球训练基本理念的各种关系

现代先进足球理念认为，足球训练与足球比赛是统一的整体，比赛是训练的延续和训练的组成部分，训练要以比赛为核心和归着点，系统的足球训练包括训练和比赛两个部分。足球训练基本理念同样包含着训练和比赛两个方面，两者也是你中有我、我中有你，相互渗透、相互联系、相互补充的一体关系。训练方面的基本理念，是侧重于从训练学角度阐述足球训练的基本理念问题，是把比赛当作训练的一部分，是就训练和比赛全部而言的，所以其辐射范围包括了比赛过程。但从系统训练包括训练与比赛的二元构成上讲，足球比赛方面的基本理念是具有独立意义的足球训练基本理念，既支撑着足球训练基本理念整体构成的完整性，也是需要专门探讨的足球训练基本理念问题。

足球训练基本理念属于足球训练理念的范畴，一定是基于足球本质、足球概念及足球训练概念的推导，一定要符合足球训练的一系列基本规律，进而才能形成科学的足球训练基本理念。足球训练基本理念是庞大的足球理念体系中训练问题的首要理念，有其复杂的构成，这是我们需要探寻的重要内容。足球

[1]　谷明昌. 现代足球理念[M]. 北京：北京体育大学出版社，2005：5.

训练基本理念同样是多元的、相对宽泛和具有实践应用性的，本著把基本理念分为训练和比赛的两个方面，比赛方面的基本理念将在后续章节另外做专题阐述，是分别以“现代足球发展趋势”“比赛阵型与战术打法”“比赛基本要素”“比赛攻守原则”等为主题。本章狭义的足球训练基本理念探讨包括三个层面，即足球训练宏观理念、足球训练核心理念和足球训练操行理念（见图4–4）。

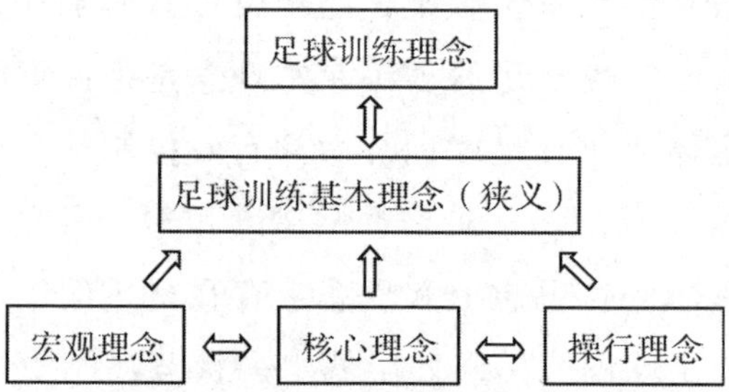

图4–4 狭义足球训练基本理念的各种关系

二、足球训练宏观理念

足球训练宏观理念显然是更宏观、更宽泛和更长久的基本理念，是与社会发展、教育发展和人的成长相关联，具有广泛指导意义的基本理念。以下从概念及其理念阐述、足球训练宏观理念解读及我国足球训练宏观理念的偏差三个方面加以阐述和说明。

（一）概念及其理念阐述

足球训练宏观理念是指带有全局性和长期性的足球训练基本理念，是有一定辐射范围及需要经过长期和大范围的实践考证和科研探索，从而确立的全面推进足球训练的航标和必须遵循的基本准则。作为一个具有一定辐射范围的足球训练主体，不管是一个国家、一个地区还是一个系统的足球领导机构，都需要建立足球训练宏观理念。宏观理念要把足球训练与对人的教育及与人的发展相统一，要与国家或地方的社会经济发展及人文环境相适应，需要考察国际先进足球理念及探明其思想精髓，需要遵循各种与足球训练相关的基本规律等。针对我国目前足球训练工作开展的基础和整体情况，本著经过专家调查对我国足球训练宏观理念做如下阐述：足球训练是学员、队员成长与发展的一种需要，要把足球训练作为一种教育形式和素质教育的手段，与全面发展的教育及人文教育相统一；足球训练还要与学校教育、职业教育及家庭教育相配合和互动，与队员的德育和智育发展达成同步；要利用足球项目的特点及其特有的教育元素，促进每一个队员身心的全面和均衡发展，促进队员健康体魄和良好品质的养成；提倡在大面积群众普及和更多青少年接受训练的基础上，发现和选拔有足球天赋的人才，要在训练过程中并行并重地促进人的协作意识、团队精神和足球特长的全面发展。

（二）足球训练宏观理念解读

足球训练宏观理念要统筹考虑足球训练的各方面影响因素，是一种面向全社会而影响广泛的理念，其重要功能之一是传播足球文化与引导舆论导向。所以，宏观理念的贯彻需要宣传和培训活动的切实跟进，其影响和辐射范围要波及社会的各个层面和角落，当然，重点是深入影响到从少儿启蒙到职业阶段的各级训练，其中更重要的是把理念的精神贯彻到训练过程及其每一个训练环节。很显然，足球的社会地位决定足球训练的影响面广大，宏观理念又属于一种全局性的整体训练构思，其理念的文字阐述必然要涵盖各方面的影响因素，这是由足球训练宏观理念寓意宽泛的特点决定的。所以，作为一个拥有较大辐射范围的足球训练主体，一定要形成统一的足球训练宏观理念并阐明其理念要义，而且文字阐述需要拥有可变性和不断优化的空间。

足球训练宏观理念是在一定区域范围全面指导足球训练实践的基本准则，更是引导足球训练基本走势的思想基础和风向标。以往全局性的足球训练设计会出现“指导思想”或“基本思路”的提法，这些与“基本理念”的意思是趋同的，有时候是相互包含或上位与下位的关系，现在更提倡用“基本理念”代替“指导思想”或“基本思路”的提法。作为足球训练的基本准则，不管是使用以往“指导思想”或“基本思路”的提法，还是使用现在提倡的“基本理念”的提法都是无可厚非的，但使用“基本理念”的提法是世界各国普遍采用的，代表着一种国际整体的大趋势。理解以上足球训练宏观理念的阐述要把握四个要点：其一，足球训练从属于全面发展的教育；其二，足球训练作为一种教育形式是辅助于智育和德育的教育；其三，青少年足球普及是足球训练的重要任务；其四，足球特长和专业人才培养是足球训练的核心和重点。此外，还需要考察国外足球训练理念设计的原理，要统筹和契合好各种宏观要素与微观要素的关系。足球训练宏观理念有着宽泛内涵和丰富寓意，是足球发展战略设计和可持续发展的方向指引，无论国家或地方，还是具体城市或俱乐部，包括参与足球训练的每一个工作人员及受训队员和家长，都需要认同训练主体所确立的足球训练宏观层面的基本理念。

（三）我国足球训练宏观理念的偏差

“理念”一词在我国虽然很热，但国民对“理念”一词的认识和理解远不如西方发达国家深刻，在足球行业更是如此。我国的足球训练实践为什么会出现缺乏理念支撑的窘况？一方面是中国足协及各级足球领导机构的认识高度不够，相应的思想建设和理论研究跟进不足，足球理念的宣传与推广工作也远远不够到位。另一方面是广大基层足球从业者的思想观念和意识问题，普遍存在两种错误认识：其一，认为理念是“高大上”而无关乎实际的宣传；其二，认为理念是浅显而无须认真理会的说教。我国自上而下各级足球训练缺乏先进理念指导，其根源是对理念问题认识不够及认识与实践相脱节。现实的足球训练实践者或者没有认识到训练理念的重要，或者根本没有思考训练理念的问题，这样足球训练始终缺乏正确的方向引导和基本要点的把控，如此不仅造成了我国足球人才培养的失败，也造成了训练过程对队员教育的缺失，导致经过足球训练的孩子反而染上了很多不良的习惯。

由于我国的足球训练缺乏理念探讨和教育滋润，训练出现了与国际先进训练理念的严重偏离，而且我们的足球训练和比赛总会出现大量离经叛道的现象，例如：我们的青少年比赛和校园足球比赛屡屡发生斗殴事件，比赛过程不尊重裁判、对手及队友已经成为一种不正常的“常态”。再如：比赛礼仪环节的本来目的是教育队员学会参加礼仪活动、学会礼节和礼貌、学会交际和尊重，但我们的比赛礼仪环节多数是走过场，特别是基层队员表现更为随意，甚至当作儿戏。教练员方面则是不作为。对队员种种偏离道德规范的举止言行，我们的教练员和体育教师或者视而不见、熟视无睹，或者得过且过、息事宁人。这种现实中队员的“越轨”和教练员的“淡漠”，是现阶段中国足坛的特有现象，这完全与世界各国共同倡导的足球教育理念相背离。就像教育需要一个“润物细无声”的过程，足球理念的贯彻一定是无数细致工作的累积。现在世界各国都在构建自己的足球发展战略，都在实施足球训练与教育同步的基本理念，把我们现实中的诸多现象与足球训练宏观理念相对照，不难看到我们训练中存在的漏洞和危机。本著研究确立我国足球训练宏观层面的基本理念，是我们以往理论研究的空缺，也是未来足球训练和队员成长的迫切需要，但是往往一种理念的文字阐述容易确立，困难的是把先进理念贯彻到足球训练和比赛的过程及每一个环节，这是我国足球发展需要解决的问题。

关于足球理念的探讨，我们还可以把视线放长一些、视野放宽一些。我国在20世纪中后期“业余体校”训练体制的年代，曾经以“三集中”的早期专业化方式培养足球人才，而事实上是付出了多数队员偏废文化学习的代价，其结果是人才培养没有达到预期的效果，更造成了我国后来足球从业人员综合素质和发展后劲的不足。当时的举措是出于快速培养人才的良好愿望，却在长远发展战略的大格局思维上出现了差错，这也正是我国足球训练宏观理念设计上的失误。所以足球训练宏观理念的确立还需要总结历史的经验，需要放开视野地学习和汲取更多的国外先进经验。我国以往推动足球发展始终都缺乏对基本理念问题的深度思考，没有处理好足球训练与全面发展教育的关系、与智育和德育的关系，而只是单纯地强调足球普及和人才培养的问题，这些都是认知高度不够和视野狭窄造成的。确立宏观理念是足球训练的基本方针，还需要大张旗鼓地宣传和使之深入人心，更重要的是让每一个足球训练实践者坚定地贯彻和执行。我们的宏观理念需要有高调的定位和可行性，理念可以是一种口号和宣传，更应当是一种观念的定格，而最难能可贵的是我们贯彻步骤的跟进和工作的落实，一个国家或地方的足球“人才金字塔”构建的成功，一定与足球训练宏观理念的探索有着高度的相关性，宏观理念的贯彻需要扎扎实实的过程而切忌纸上谈兵。

三、足球训练核心理念

足球训练核心理念是足球训练所要遵循的最具实质性的基本准则，核心理念反映的是足球本质及足球训练过程的基本规律，是足球训练不可偏离的基本方向。以下从概念及其理念阐述、足球训练核心理念解读及我国足球训练核心理念的偏差三个方面加以阐述和分析。

（一）概念及其理念阐述

足球训练核心理念是在整个足球训练过程中具有统治性和主导作用的基本理念，是反映足球本质属性和体现足球训练要素，以及训练自始至终都要遵循的根本性的准则。核心理念是保证足球训练不偏离方向的坐标和准绳，是判断足球训练是否符合足球本质属性和规律的试金石，是决定其他一切训练理念与原则的根本理念，理念的精神实质是反映足球本质属性和体现足球训练要素。探讨足球训练核心理念的问题，既要学习和借鉴足球发达国家的经验与成果，也要依托我们自己对足球本质、足球训练规律及一系列重要基本概念的探索。本著经过专家调查对足球训练核心理念阐述如下：任何足球训练都要把反映足球本质属性和体现足球训练要素放在首位，所有有关训练的规划和组织实施都必须以足球比赛和游戏作为核心和主要内容。足球训练核心理念的重要性是显而易见的，我们必须全面、深刻地加以理解。从训练学意义上概括其实质，就是欧美国家提倡的足球训练以比赛实战为核心，也就是足球训练自始至终都要以比赛实战和赢得比赛胜利为核心和归着点，这是一切训练活动最重要的目标和最根本的理念。整个训练过程从少儿启蒙到职业队训练，所有训练实践活动只有始终与足球本质属性相对接，才能保证其基本方向的正确。

（二）足球训练核心理念解读

遵循足球训练核心理念要把握一个基本要点，就是一切足球训练活动都不能偏离“比赛或游戏”这一反映足球本质属性的形式。足球训练核心理念会有各种不同的阐述方法，例如：以比赛实战为核心、把比赛作为训练的导师及一切训练活动都要围绕比赛的中心等，这些阐述的实质和内涵是相同的，凡是取得成功和得到普遍认可的阐述反映的一定是足球本质和规律。足球训练所具有的体育属性和教育属性都从属于比赛或游戏，包括足球训练具有丰富的趣味性和诸多功能，都源于比赛或游戏。很多体育项目虽然也具有比赛或游戏的属性，但是足球的这一属性有其独特性，这种独特性源于足球是一种“以脚支配球为主，两队围绕球进行攻守争夺，以将球攻入对方球门为目的的双方同场对抗竞技的比赛或游戏”。足球训练必须体现其本质属性和特征，在外在形式上一定要以比赛或游戏来展现其基本特征和要素。可见遵循足球训练核心理念的实质，最终还是回归和落脚于足球项目的本质属性。关于足球是“比赛或游戏”的本质属性及训练核心理念的解读，我们还可以从更大的范围和更多的角度去认识，比如：足球之所以能够成为“世界第一运动”，之所以成为一种流行的世界文化，之所以成为很多国家国民经济的支柱，都源于足球项目所特有的“比赛或游戏”的本质属性。当然，重要的是这一本质属性符合人们的文化生活需要，也符合青少年健康成长和受教育的需要。

（三）我国足球训练核心理念的偏差

我国对足球训练核心理念的认识一直存在明显的偏差，在认识方面和实践领域都存在着很多与先进理念的背离，例如：在认识上长期存在技术训练需要“先学会走再学习跑”“熟能生巧，巧能生变”等观念。再如：在训练实践上存在过分强调基本技术练习而忽视比赛实战，而且往往把技术练习与比赛实战割裂开来。又如：校园足球大力倡导的“足球操”“足球舞”和“球性练习”，都缺少了六个足球训练要素中的五个要素。这些都严重脱离了足球“比赛或游戏”的本质，是与先进训练理念相背离的做法。不能否认这些练习可以达到锻炼身体的目的，也有可能采用“球性练习”的方法取得一些成绩，但我们需要放开眼界通观世界，而不能坐井观天，我们要振兴足球必须洞察国际前沿的足球发展走势，要考察足球发达国家在遵循着怎样的核心理念。本著探讨足球训练核心理念是综合考察了欧美各国的思想成果，经过了向国内专家的调查，所做的有关足球训练核心理念的阐述具有科学依据，达成了与国际先进足球理念的统一。

我国以往足球训练出现过整体性的道路迷失及诸多不合理的做法，主要是对足球训练核心理念的认识出现了偏差和错位，就是没有强调足球训练要回归足球本质和体现足球训练要素。如果说我国足球落后的原因是训练理念落后，那么对核心理念认识的偏差才是问题的根源所在。为了今后更好地认识和把握足球训练的核心理念，我们需要对这一问题做深刻的反思。从大的背景看，新中国足球的起点是处在与世界足球相隔离的状态，当时所能够学习到的理论与方法都相对落后，而且我们的理论探索和训练实践都走入了很深的误区，长期处于一种非科学的理论思维状态，形成了一种整体性的对足球训练核心问题的认识错误。到今天足球改革二十几年，我们并没有完成对核心理念认识偏差的纠正，很多职业队和大城市青少年训练虽然有表面上的改观，但我们对足球训练的理论思维仍然存在不足，特别是更大范围的基础训练仍然处于愚昧的状态，这种窘况可以从几个方面分析。

第一，中国传统文化与西方文化相融合的各种阻碍。由于中国文化博大精深，包括语言、思维方式、体育模式、学习习惯等都自成体系，造成了我们认识和理解先进足球理念的困难和信息转换的周折。第二，足球领导者思想观念落后、认知水平不高和管理能力不足。往往领导者的水平和眼界是决定足球训练发展规模和高度的重要因素。第三，足球体制僵化造成人力、物力和财力资源的浪费。足球训练的管理主要是这三方面资源的利用，现行体制造成能够担起训练任务的人才无事可做，没有教练员潜质的人则滥竽充数，而在财力利用方面却存在巨大的浪费，最典型的是校园足球的投入与收效的明显反差。第四，足球从业人员队伍的素质不高及对足球训练的敬畏和敬业精神不够。这之中包括足球理论研究者的思维和领悟能力不足、结合实践不够，使得整个足球界对足球训练在认识上放不开视野，在操作上处于低水平重复的状态，尤其足球从业者对足球训练的敬畏不够、敬业精神不足。

四、足球训练操行理念

足球训练操行理念是具体的训练过程中所要遵循的基本准则，是直接指导教练员训练言行举止和有关训练操行方法方面的基本理念。以下也是从概念及其理念阐述、足球训练操行理念解读及我国足球训练操行理念的偏差三个方面加以阐述和说明。

（一）概念及其理念阐述

足球训练操行理念是指足球训练设计及其训练各个环节操作要遵循的基本理念，是广大教练员从长期工作实践中总结和提炼出来的纲领性训练要点，是达到理想训练效果所必须遵循的各项基本准则。作为教练员，不管是基层业余队或青少年梯队训练，还是高层次的职业队或国家队训练，都需要注意加强对操行层面训练理念的认知。我们都知道足球训练是一个长期、复杂和内容繁多的工作，在整体发展上需要按照宏观理念来把控，在实质性推进上需要遵循核心理念的指引，而在训练过程及训练细节的控制上也必须遵循一定的基本准则，这就是足球训练的操行理念。每一个有经验的教练员都会在长期实践中总结和形成个性化的操行理念，但往往个人认知存在局限性和片面性。本著是通过专家调查对诸多个性化的操行理念做筛选和合并处理，把分散的个人感性认识上升为科学的理性认识，从而形成对足球训练操行理念的阐述：教练员的训练方案设计及每一步具体的训练实际操作都必须遵循足球规律和一定的科学原理，其中有四条需要始终注意把握的基本准则，即以保证快乐为前提，以游戏方法为主导，以培养兴趣为基点，以比赛取胜为目的。以上四条基本准则在足球训练实践中是统一和并行的关系，每一条准则的贯彻和执行，并不是孤立地体现在实际训练中，而是要把四条准则同步体现在训练过程及每一个训练环节（见图4-5）。在实际训练过程中会因为环境、对象和客观条件等不同，而侧重体现一条或两条准则及淡化一条或两条准则，但长期的实践过程必须四者兼顾。足球训练操行理念的原理和寓意似乎容易理解，但真正在训练实践中贯彻往往是知易行难。

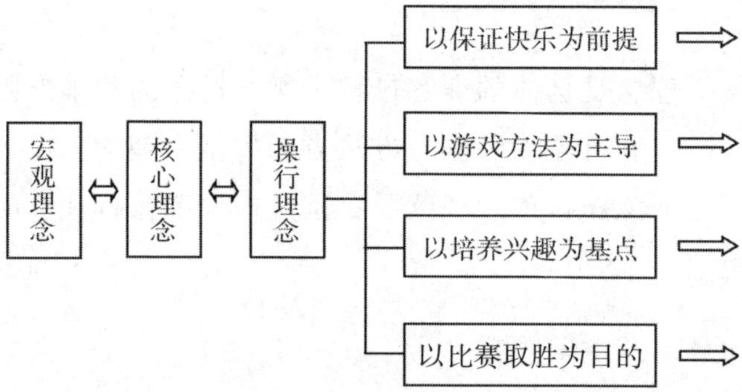

图4-5　足球训练操行理念及其各种关系

（二）足球训练操行理念解读

足球训练操行理念是指导训练过程设计及具体训练操作的基本准则，是足球训练宏观理念的具体化，是执行和落实核心理念的保证，其中最重要的是要在实际训练中体现出来。足球训练的对象是由队员个体组成的球队，所以操行理念的贯彻要让队员了解理念的精神，让大家感受到教练员的愿望和追求。要把操行理念贯彻到训练过程及作用于每一个队员，需要队员理解足球训练的宏观理念和核心理念，操行理念的落实需要通过具体和细致的训练设计与实施操作，是要通过无数的细节对队员及球队施加影响。足球训练操行理念的每一条准则都有其各自的寓意，作为教练员需要领会和理解其寓意并注意在训练中贯彻。

第一，以保证快乐为前提：让参加足球训练的队员每一次都享受足球的快乐，能够在绿茵场上尽情地奔跑和挥洒汗水，组织和开展足球训练要让队员尽可能没有任何压力和约束，充分地感受到足球的乐趣，特别是启蒙阶段更要让每一个队员放开玩耍。

第二，以游戏方法为主导：利用队员普遍喜欢做游戏的好奇心理，更多地采用各种有球、有对手、有同伴和有球门的游戏方法，使游戏成为队员主要的练习形式，而且游戏方法要丰富多彩和不断变化，避免采用刻板和单调的技术重复练习。

第三，以培养兴趣为基点：让队员不断地享受足球的快乐和游戏的乐趣，通过这种快乐的累积吸引队员，并把培养兴趣作为重要的目标，使队员形成对足球的认知和情感寄托，成为日常习惯和生活方式，引导和促进队员形成对足球的强烈爱好。

第四，以比赛取胜为目的：足球最大的乐趣还是比赛进球和比赛获胜，足球毕竟是一个竞技性的集体项目，任何级别和阶段的足球训练都要围绕游戏和比赛的核心，一定要多安排有挑战性和趣味性的游戏和比赛，要培养队员的团队精神和责任感，并以取得比赛胜利为目的和荣誉。训练核心和归着点一定是有挑战性和趣味性的比赛。

（三）我国足球训练操行理念的偏差

目前我国足球教练员培养和队伍建设处于初级阶段，基层教练普遍缺乏基本素养和专业培训经历，甚至很多教练员没有接受过任何的培训。再加上受传统训练思想的影响，造成了基层训练普遍性地与先进训练理念相背离。例如：在训练过程中队员会感到枯燥无味，这违背了以保证快乐为前提的准则。再如：教练员总是喜欢让队员按照一定的规矩或固有的程式练习，这违背了以游戏方法为主导的准则。又如：队员参加多次训练却始终没有体验比赛和获胜的机会，这违背了以比赛取胜为目的的准则。现实中还有很多教练员存在严重的理念偏差，比如：基层训练仍然存在对队员肆意责骂、惩罚，甚至还有随意踢打的情况。这些教练员也可能取得过一些成绩，外观看好像对训练也很投入和负责，但实际上完全背离了足球训练的操行理念。类似以上的训练，队员不可能充分释放天性和发挥潜能，也不可能得到充分发展，而是必然在很大程度上受到约束和压抑，如此也就使队员发展受到很大的限制，必然严重影响队员的全面发展和健康成长。

足球训练操行理念是适用于各级各类球队训练的基本准则，这里可以笼统地以欧美国家少儿训练为例做一个对比，说明我们训练操行方面存在的问题和偏差。现在欧美国家及我们邻国日本和韩国的少儿训练，一堂训练课一定是全程充满快乐气氛，训练自始至终都是采用各种游戏方法，也一定不缺少对抗性的比赛实战练习。在训练过程中每一个孩子都会得到教练员的表扬和激励，每一个队员都会有均等的上场比赛机会及体验比赛的快乐，教练员会尽可能与每一个队员击掌庆祝等，而教练员的这些行为和安排都是在贯彻足球训练的操行理念。欧美各国的青少年训练就像工厂加工产品的生产线一样，重视和讲求训练方案的设计及方案改进和不断精益求精，以上的表扬和激励、机会均等、击掌庆祝等方式方法都属于训练操作的规范条例，每个教练员的头脑中必须建立正确的概念和理念，他们必须按照先进理念完成训练操作。当然，以上的训练操行不仅适合青少年训练，也同样适用于职业队及其他任何级别球队的训练。足球训练操行理念虽然道理并不高深，但实际建立一种理念还是需要复杂的思维过程，操行理念要真正深入理解、合理把握及在训练实践中有效贯彻，确实是知易行难，也就是达到观念与行动的一致并非轻而易举。

现实的差距显然与我们教练员的专业素养不够有关，教练员普遍缺乏职业精神和探索精神，也就对先进训练理念缺乏深入的了解，比如：对以培养兴趣为基点这一理念的理解，大家都知道兴趣对队员成长的重要性，但现实中我们普遍认为孩子喜欢足球是自然的天性，并不把队员对足球的情感视为一个复杂的心理问题。实际上，队员对足球的兴趣是不断波动的，教练员需要观察及更多地与队员交流和互动，要给予队员充分的关心、引导和鼓励，并在关键时候给予队员肯定和帮助。教练员与每一个队员都成为知心朋友，是使队员对足球长久保持兴趣的重要环节。各种培训是提高教练员业务素养的重要条件，培训不仅可以系统和高效地传递足球专业信息和技能，而且也提供大家相互学习和交流的平台，可以更加快捷地提高教练员的业务能力。当然，教练员的修养还是要从平日训练和学习中一点一滴地积累，教练员只有保持积极上进和锐意进取的精神，才可能达到很高的职业境界。

第五章
现代足球发展趋势

现代足球发展趋势是一个重要的理论探索性课题，可以帮助我们认识现代足球发展过程及其规律，也是足球训练基本理念的重要内容。发展趋势研究是借助对史实的调查而探寻足球发展的原理，进而使我们更好地认识现实的训练和比赛。

前文有关足球本质及其特征、足球一系列基本概念、足球训练诸多基本理念等的探讨，是我们研究发展趋势及形成理性认识的重要前提。足球发展问题的研究，主要以比赛阵型与战术打法的演变为线索，其中的关键是找到足球发展的动力及其机制。足球比赛的目的是赢取胜利，比赛取胜的条件是多进球和少失球。人们在长期的比赛实践中发现，围绕比赛取胜的攻守争夺有一个攻守平衡的规律，追求攻守平衡和不断打破平衡就是现代足球发展的根本动力。

本章发展趋势的探讨，是围绕比赛争胜的核心目的，从比赛阵型和战术打法两个视角揭示足球发展及其机制。现代足球从诞生初期的章法简单和技术粗糙，到今天比赛的复杂有序和技术细腻，其发展过程从攻守不平衡到攻守人数平衡，从攻守人数平衡到攻守力量平衡，再到今天流动性的动态攻守平衡，基本都是遵循着攻守平衡的规律。本章以“现代足球发展趋势”为题，希望帮助大家打开认识足球发展及瞭望其未来的一扇窗户。

第一节　比赛攻守平衡的演变

现代足球的发展始终围绕比赛攻守平衡的问题，足球运动从诞生至今一直伴随着比赛攻守平衡的变化。原始足球比赛的攻守人数配置是完全不平衡的，是在长期的发展和演变过程中才逐渐形成比赛的攻守平衡，中间还经历了一个从攻守人数平衡向攻守力量平衡转变的过程。比赛攻守平衡的演变分为三个主题，分别是比赛攻守人数平衡的形成、比赛向攻守力量平衡的转变和全攻全守战术打法及其条件，三个主题也是比赛攻守平衡的三个发展阶段，到今天足球比赛体现的是全面的攻守平衡。

一、比赛攻守人数平衡的形成

比赛攻守人数平衡的形成经过了相当长的发展过程，现代足球开始阶段比赛阵型的变化一直是防守人数在增加。全面了解足球比赛的历史发展过程，对于帮助我们理解足球训练和比赛原理是非常重要的。关于比赛攻守人数平衡的形成，以下分三个问题进行分析和说明，即现代足球诞生初期的基本状况、攻守人数由不平衡到趋于平衡及攻守人数平衡的WM阵型。

（一）现代足球诞生初期的基本状况

1863年现代足球从英式橄榄球脱胎而出，所以足球运动必然带有橄榄球的基因。其中最集中的体现是用脚踢球和有越位的限制，用脚盘带、踢球和接控等成为足球运动最典型的本质特征，越位的规则限制则始终是足球比赛的一大特色[1]。足球运动诞生初期以球为中心的追逐很像橄榄球，当时的以球为中心是简单和低层次的，就是所有场上队员都以飞来飞去的足球为追逐目标。原始规则的“越位”对进攻队员领先于球有严格的限制，使得盘带技术盛行，但那时候队员的运带球、突破、传接球等技术是粗糙的，战术配合概念是淡薄的，队员的速度、体格和脚力显然更加重要[2]。比赛基本没有阵型的概念，出现九锋一卫制的“19”阵型，是出于一种简单的战术需要。所谓九锋一卫制即九个

[1]　比尔·莫瑞. 世界足球史话[M]. 郑世涛，译.北京：光明日报出版社，1998：13.

[2]　乔纳森·威尔逊. 倒转金字塔——足球战术史[M]. 迪生，徐天辰，译.武汉：湖北科学技术出版社，2016：19.

前锋在前边进攻和一个后卫在后边镇守[1]。可想而知，九个前锋的进攻肯定是简单而缺乏章法的，而且显而易见攻守力量搭配是严重失衡的，只留下一个防守队员在后边镇守，也是一种简单的拖后保护，是作为一个屏障防止对方直接威胁球门。根据很多历史资料的记载，当时的比赛争夺异常激烈，比赛受伤是家常便饭。也有资料可鉴，现代足球诞生之后，迅速得到欧洲列国及社会各界的充分认可，特别受到大学校园、军队官兵和广大青少年的喜爱，当时高校之间、乡村之间、俱乐部之间、国家之间的比赛争夺，始终是异常激烈和万众瞩目的，而这一切源于足球有其与众不同的魅力[2]。

（二）攻守人数由不平衡到趋于平衡

现代足球从1863年诞生到1884年前后，在二十几年的发展过程中，足球比赛基本是处于技术粗糙和战术简单的时期。但在这个长期的过程中，技术还是取得了长足的进步，传球的准确性、运带球和突破能力及比赛速度等都大大提高，也开始讲究攻守战术打法及队员之间的相互配合，其中进攻与防守的人数是逐渐由不平衡到趋于平衡。基本情况是比赛从最原始的九锋一卫制“19”阵型，渐而变成八锋二卫制的“28”阵型、七锋三卫制的“127”阵型。1872年的苏格兰队是引领阵型和打法变革的重要角色，苏格兰人创造了六锋四卫制的“226”阵型和提倡协作配合的传接球打法，1872年11月30日苏格兰队主场对英格兰队0：0战平是典型战例，当时苏格兰队和英格兰队分别是“226”和“127”阵型，见图5-1[3]。

[1] 诺贝特·魏斯. 金球[M]. 方厚生，译.上海：文汇出版社，2004：10.

[2] 乔纳森·威尔逊. 倒转金字塔——足球战术史[M]. 迪生，徐天辰，译.武汉：湖北科学技术出版社，2016：21.

[3] 乔纳森·威尔逊. 倒转金字塔——足球战术史[M]. 迪生，徐天辰，译.武汉：湖北科学技术出版社，2016：23.

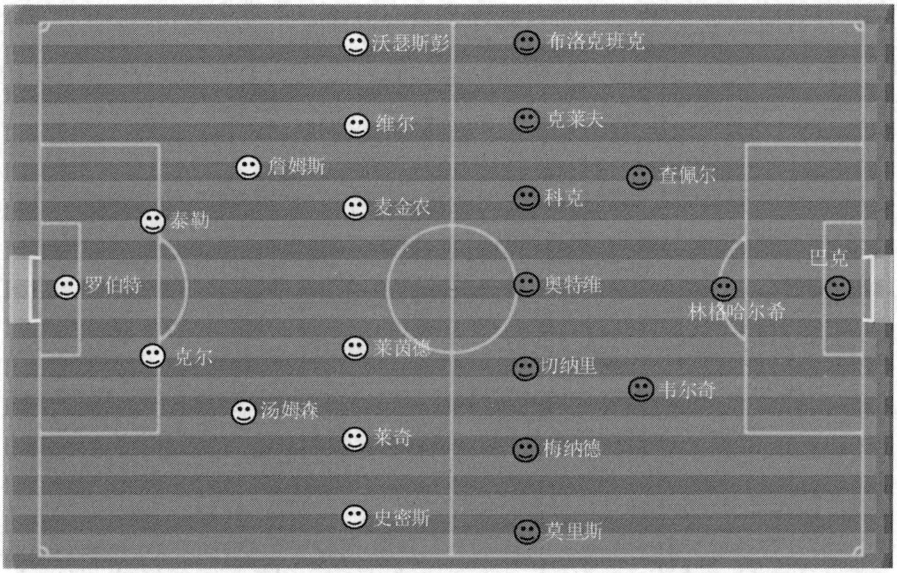

图5-1　1872年11月30日苏格兰队0：0战平英格兰队比赛阵型

1883年在英格兰剑桥大学诞生了攻守人数基本趋于平衡的“235”阵型，该阵型当时被称为“金字塔阵型”，实际上按照现在阵型由后向前的排序被称为“漏斗阵型”更贴切，该阵型以1878年3月30日阿克顿威尔士杯决赛雷克瑟姆队1：0胜德鲁伊人队的比赛最为典型，当时雷克瑟姆队和德鲁伊人队分别是“235”和“226”阵型（见图5-2），这种“235”阵型在足坛流行将近40年[1]。这一时期的阵型演变是防守人数逐渐增加，以致比赛进攻和防守人数趋于平衡。这是因为要达到多进球和少失球的取胜目的，就必须攻守兼顾，进攻人数多可能可以多进球，但防守人数少势必会造成失球的增多，这样就要求球队必须做防守人数和力量的调整。其道理并不复杂，如果一方进攻时投入更多的队员参与，一旦球被对方截获，就会在由攻转守时出现更大的防守真空，此时本方球门就会受到更大的威胁，加上各队的传球准确性、运控突破能力、射门能力都在提高，各

[1]　乔纳森·威尔逊. 倒转金字塔——足球战术史[M]. 迪生，徐天辰，译.武汉：湖北科学技术出版社，2016：27.

队进攻能力的提高也要求必须加强防守。这样随着防守力量的不断增加，就出现了足球比赛攻守人数逐渐趋于平衡的趋势。这种攻守人数配置逐渐趋于平衡的变化，是攻守争夺使然，也是比赛取胜的必然要求[1]。

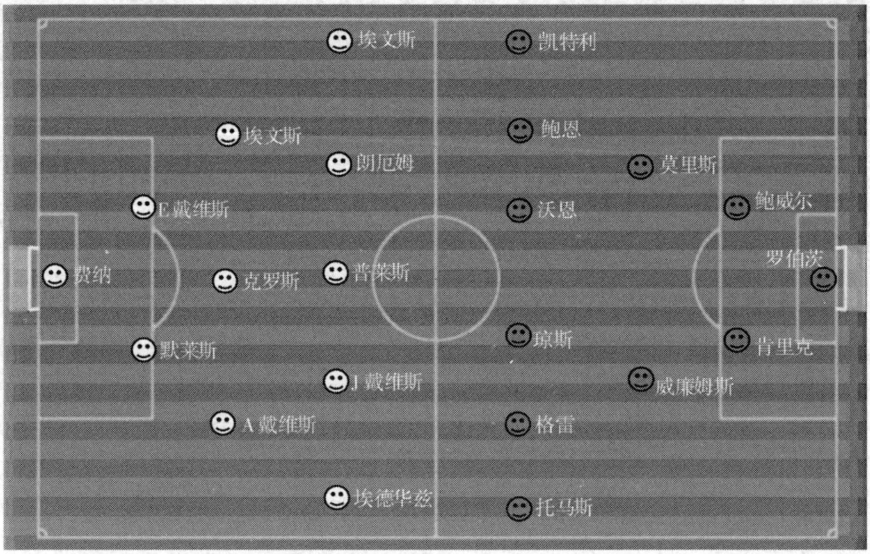

图5-2　1878年3月30日雷克瑟姆队1：0战胜德鲁伊人队比赛阵型

（三）攻守人数平衡的WM阵型

足球比赛攻守人数的完全平衡出现在1930年，是英国阿森纳俱乐部的查普曼创造了“3223”的WM阵型。查普曼是根据1925年足球规则修改了对越位人数的限制，就是进攻队员不得先于球越过防守方倒数第二个队员，这对进攻方是减少了限制和增加了机会，但出现人数平衡的根本原因还是比赛攻守争夺矛盾的存在[2]。查普曼发明的WM阵型是真正攻守人数的平衡，进攻方利用场地宽度及按照位置职责左右拉开发动进攻，防守时则收缩保证防线的密集。每个队员基本在相对固定的区域完成攻守职责，一般情况下不“越界”参与比赛活

[1]　卡尔·海因茨·黑德尔戈特. 新足球学[M]. 蔡俊五，译北京：人民体育出版社，1988：29.

[2]　卡尔·海因茨·黑德尔戈特. 新足球学[M]. 蔡俊五，译北京：人民体育出版社，1988：7.

动，队员是按照条块划分在自己的区域各尽其责[1]。这种WM阵型分为后卫、前卫、内锋和前锋四条线，进攻时中锋在中路活动及发动进攻，两个边锋在两个边路进攻及传中，防守时三个后卫防守对方三个前锋，两个前卫防守对方两个内锋，可见WM阵型是一种攻守人数完全对等、追求攻守平衡和队员分工明确的阵型打法。进攻和防守都较之以前更有层次和章法，也取得很好的比赛效果，所以WM阵型及其打法的出现，推动了足球技战术水平的提高，很多球队都纷纷效仿，之后二十几年一直在世界各国历久不衰[2]。采用WM阵型最具有代表性的是1930年4月26日在伦敦温布利球场足总杯决赛阿森纳队2：0胜哈德斯菲尔德城队的比赛，两个队分别采用“3223”和“235”阵型（见图5-3）[3]。

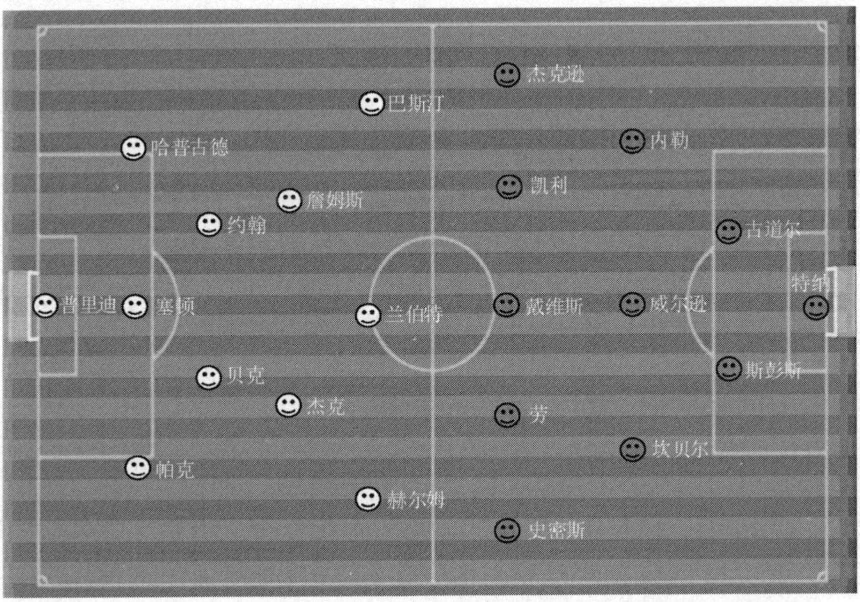

图5-3　1930年4月26日阿森纳队2：0战胜哈德斯菲尔德城队比赛阵型

[1]　体坛传媒. 世界杯冠军志之英格兰[M]. 成都：西南财经大学出版社，2014：44.

[2]　体育院、系教材委员会《足球》教材编写组. 足球[M]. 北京：人民体育出版社，1983：233.

[3]　乔纳森·威尔逊. 倒转金字塔——足球战术史[M]. 迪生，徐天辰，译.武汉：湖北科学技术出版社，2016：60.

WM阵型的出现及其战术打法的成功，不能简单地归结为战术理念先进及阵型设计和队员分工的细致。这一阵型及其战术打法的形成之所以能够大大推动足球运动的发展，首要因素是查普曼拥有一种非同一般的奇妙设计和构思，但更重要的是查普曼既是一个梦想家又是一个伟大的实践者，查普曼的具体做法也可以为现在的教练员提供借鉴。比如：查普曼制定WM阵型采用的是以防守反击为主的打法；查普曼细心观察、物色和培养核心队员詹姆斯作为防守反击战术的组织者；查普曼的周末例会并不是自己一言堂，而是让队员充分讨论和参与意见等。查普曼的成功是依靠这些细致工作的累积，也是在经过大量的质疑之后才取得“查普曼等式”的成功[1]。

二、比赛向攻守力量平衡的转变

比赛向攻守力量平衡的转变也是一个复杂的过程，其中的关键点是打破比赛攻守人数的平衡，而追求攻守力量的平衡。在攻守人员配置的反复较量中，发生的几件典型事件是比赛向攻守力量平衡转变的重要节点。以下分三个问题进行分析和说明，即四前锋阵型打破WM阵型的平衡、“424”阵型回归人数平衡及从攻守人数平衡到攻守力量平衡。

（一）四前锋阵型打破WM阵型的平衡

WM阵型的出现改变了人员分工不细和比赛缺乏章法的局面，促进了足球技战术水平的提高。但WM阵型打法比较刻板和教条，限制了队员的潜能，特别是限制了队员之间位置的相互变化。由于WM阵型打法的进攻方式简单和变化不多，特别是随着队员素质和防守能力的提高，W的进攻很容易被M的防守所辖制，由此WM阵型由于缺乏攻击力而令人一筹莫展[2]。事实上，比赛规则

[1] 乔纳森·威尔逊. 倒转金字塔——足球战术史[M]. 迪生，徐天辰，译.武汉：湖北科学技术出版社，2016：62.

[2] 亨特·戴维斯. 足球史[M]. 李军花，江治刚，王艳艳，等译.太原：希望出版社，东方出版中心，2005：236.

没有对队员活动范围有任何限制，没有条文规定不允许队员之间的位置交叉和轮转，而比赛中队员常常会有即兴的位置交叉、轮转及后场队员助攻等“越界”行为，这种行为往往更具有攻击性和观赏性，如此引发了改革者的想象和创新的构思。

20世纪50年代匈牙利人首创四前锋阵型挑战WM阵型，四前锋阵型是把MW阵型的一个内锋前移至锋线位置。这种四前锋阵型的打法要求前移的内锋采取主动的“越界”换位行动，与中锋和留任的内锋之间在对方罚球区附近采用积极的横向拉扯和交叉换位，创造纵向突破和前插的空当，这种门前灵活的换位、插跑、突破及墙式配合，使得罚球区附近只有一个中卫配置的WM阵型难以招架，WM阵型也就此宣告破产。创造四前锋阵型的匈牙利队在当时称雄一时，1953年和1954年匈牙利队分别以6：3和7：1战胜英格兰队，成为进攻型战术打法的典型代表，图5-4是1953年11月25日伦敦温布利球场匈牙利队6：3战胜英格兰队的比赛阵型，两队分别采用“3214”和“3223”阵型[1]。

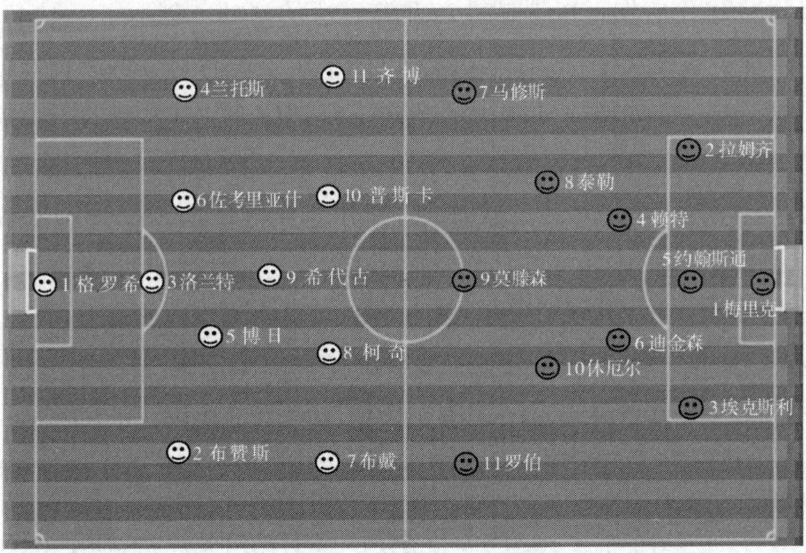

图5-4　1953年11月25日匈牙利队6：3战胜英格兰队比赛阵型

[1]　乔纳森·威尔逊. 倒转金字塔——足球战术史[M]. 迪生，徐天辰，译.武汉：湖北科学技术出版社，2016：103.

匈牙利四前锋打法的成功促使各国纷纷仿效，成为当时国际上的主流打法，也由此四前锋阵型打法被称为足球运动发展史上的第一次变革。WM阵型打法也由此开始逐渐消失，比赛阵型又呈现攻强守弱的攻守人数不平衡局面[1]。需要说明：足球历史上任何一次变革或技术进步都不是简单和偶然的阵型或战术打法的创新，一定会同时诞生一个伟大的教练和一批伟大的队员。匈牙利队20世纪50年代四前锋阵型所表现出的精湛技术、流畅配合、犀利进攻及令人耳目一新的整体打法，正是因为有一位了不起的掌门人塞贝什做主教练撑起了这支伟大的匈牙利队，塞贝什从师于英格兰的著名现代足球思想家吉米霍根，从吉米霍根那里学到了先进的足球理念与方法，同时也正是依托于普斯卡什、柯奇士、希代古提、齐博尔等一批超级巨星，由他们共同创下了匈牙利队31场国际比赛不败的纪录[2]。

（二）“424”阵型回归人数平衡

20世纪50年代后期，巴西队在四前锋打法的基础上创造了“424”阵型，就是把两个前卫后撤一个加入后卫线，以四个后卫应对对方四个前锋的进攻。“424”阵型是一个阵型变动较大的革新，是把原来WM阵型的一个前卫撤回担任中卫，把四前锋阵型剩下的一个内锋改为前卫，而革新后的“424”阵型也就没有了内锋的角色。可见“424”阵型保持了四前锋阵型的优点，又弥补了WM阵型三后卫防守不足的缺陷，使攻守人数重新回归平衡，人们把“424”阵型的技术革新称为足球运动发展史上的第二次变革。“424”阵型较之WM阵型加强了锋线的攻击力，又较之四前锋阵型加强了后卫线的防守力量，两个前卫既是进攻的中场组织者，又是防守的阻截者，承担前锋与后卫之间的连接和纽带角色[3]。“424”阵型可谓攻守兼顾，减少了WM和四前锋阵型

---

[1] 体育院、系教材委员会《足球》教材编写组. 足球[M]. 北京：人民体育出版社，1983：233.

[2] 乔纳森·威尔逊. 倒转金字塔——足球战术史[M]. 迪生，徐天辰，译.武汉：湖北科学技术出版社，2016：37.

[3] 比尔·莫瑞. 世界足球史话[M]. 郑世涛，译.北京：光明日报出版社，1998：114.

的内锋层次，使得前锋和后卫之间的联系更加紧密，前后之间和左右之间的交叉换位和穿插跑位更加便捷。但由于足球比赛场地广阔，加上当时前锋和后卫分工明确，基本是前锋不参与防守，防守队员不参与进攻，“424”配置两个前卫难以承担中场进攻组织与防守阻截的双重任务，这给后续的足球改革留下了较大的空间。创造“424”阵型的巴西队在1958年瑞典世界杯获得冠军[1]。

（三）从攻守人数平衡到攻守力量平衡

20世纪30年代WM阵型的出现使攻守人数达到平衡的同时，还有一个重要贡献就是使比赛有了全新和细化的位置概念，但到了50年代，WM阵型打法出现了防守制约进攻的攻弱守强态势。此时出现的四前锋阵型打法，是通过加强进攻打破了WM阵型的人数平衡，反而形成攻强守弱的局面[2]。很快面对四前锋阵型的攻强守弱，巴西队1958年又发明了“424”阵型回归人数的平衡。这些改变都是在攻守矛盾斗争中所发生的足球技术革新。由于“424”阵型的中场力量薄弱，到了20世纪60年代就出现了加强中场防守争夺的新态势，在阵型上的反映就是中场人数增多，就是出现了“433”和“442”阵型，是由“424”阵型的前锋回撤一个或两个队员。这是因为大家通过比赛观察发现，无论是进攻还是防守都必须争取中场的主动，中场占据了优势也就取得了比赛的优势，而中场的活动空间巨大，仅依靠两个人或三个人难以控制广阔的中场空间。

由于20世纪50年代进攻打法占据上风，进攻的个人技术和前场配合强于防守，成为比赛的主导。到60年代各个国家的球队开始通过加强防守而遏制进攻，相应地出现了被称为“链式防守”“混凝土防守”等密集防守加拖后保护的防守打法，由此促成了比赛进攻与防守矛盾更加激烈。1966年英格兰队在第

---

[1] 乔纳森·威尔逊. 倒转金字塔——足球战术史[M]. 迪生，徐天辰，译.武汉：湖北科学技术出版社，2016：131.

[2] 维尔·库柏. 攻击型足球训练——足球基本技术训练指南[M]. 赵振平，译.北京：人民体育出版社，1988：1.

8届世界杯上采用了“442”阵型，在1966年7月30日伦敦温布利球场的冠亚军决赛中英格兰队以4：2战胜联邦德国队，是以加强和稳固防守的战术打法取得了当届的世界杯冠军，两队分别采用“442”和“424”阵型（见图5-5）[1]。

1970年在墨西哥第9届世界杯上，巴西队又以崇尚进攻的战术打法第三次获得世界杯冠军，巴西队不仅比赛过程精彩，而且进球数达到平均每场3个，也由此又一次颠覆了稳固防守的战术打法[2]。

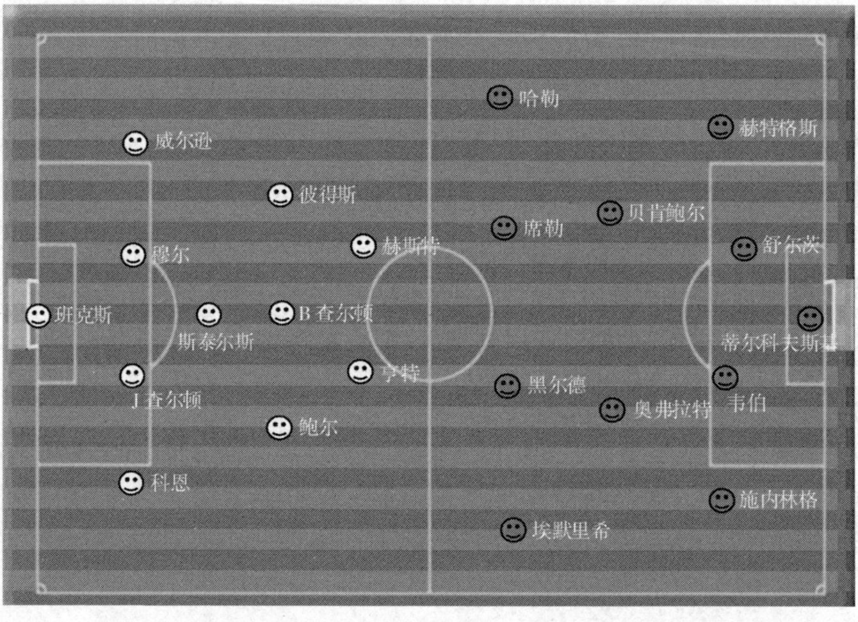

图5-5　1966年7月30日英格兰队4：2战胜联邦德国队比赛阵型

多进球与少失球的比赛目的是推动比赛发展的根本动力，足球比赛追求阵型的攻守力量平衡，以及进攻与防守技战术取得发展，都源于比赛双方攻守矛盾的对立与统一。比赛的一方无论是进攻还是防守占有优势，另一方必然要想办法改变这种态势，以争取己方占优，在比赛攻守过程中争取主动是取胜的必

[1]　乔纳森·威尔逊. 倒转金字塔——足球战术史[M]. 迪生，徐天辰，译.武汉：湖北科学技术出版社，2016：153.

[2]　何志林. 现代足球 [M]. 北京：人民体育出版社，2000：160.

然选择，这就是足球比赛取胜必须遵循的基本规律。足球比赛不断追求攻守平衡的过程中，也在不断地打破所建立的平衡，由此促进足球运动的不断发展。无论是采用“433”阵型还是“442”阵型，到了20世纪60年代，队员比赛场上的分工都更加细致和明确。中场的前卫分为侧重防守和侧重进攻两种，每一种又有更细致的责任分工；后卫不仅要承担各自区域的防守任务，还要频繁地换位及参与中场的攻守及前场的进攻；前锋在完成进攻任务之外，也要参与中场及更大范围的防守。这种位置界线的打破，意味着足球比赛的攻守平衡已经由人数平衡向力量平衡转变[1]。

三、全攻全守战术打法及其条件

全攻全守战术打法的出现是现代足球发展的新纪元，这一打法完全颠覆了人们对足球比赛原有的认识，比赛所呈现的是动态和快速流动性的平衡。以下分两个问题进行分析和说明，其一是全攻全守战术打法的出现，其二是全攻全守战术打法的条件。希望通过阐述和分析能够帮助大家重新认识全攻全守战术打法。

（一）全攻全守战术打法的出现

1974年在联邦德国举办的第10届世界杯足球比赛中，荷兰队在主教练米歇尔斯的带领下创造了震惊世界足坛的全攻全守战术打法，这一战术打法总结了足球历史沧桑变化的规律，深入研究了20世纪50年代至70年代初二十几年阵型发展的原理，创造性地使全攻全守理念与大赛实践达成了统一[2]。全攻全守战术打法是在对比赛攻守博弈机理做深刻分析之后，进一步确认一支强队必须既要具备强大的攻击力，还要拥有抵御任何进攻的防守实力，任何单纯地强调进攻或防守都是片面的，攻守平衡是任何足球强队的必备条件。这种攻守平衡已

---

[1] 体育院、系教材委员会《足球》教材编写组. 足球[M]. 北京：人民体育出版社，1983：233.

[2] 诺贝特・魏斯. 金球[M]. 方厚生，译.上海：文汇出版社，2004：10.

经不是简单的阵型上的人数平衡，而是比赛中进攻与防守力量的平衡，这就是所谓全攻全守战术打法。全攻全守战术打法是指在足球比赛过程中全队每一个场上队员都要兼顾进攻与防守的双重任务，按照部署整体统一地参与进攻和防守行动，每个队员都担当各自的攻守职责，进而形成全队进攻和全队防守的动态攻守力量平衡。

20世纪80年代很多队采用了“442”阵型。全攻全守打法在阵型的人数比例上并不平衡，但阵型只是比赛场上队员的位置排列顺序和责任分工形式，而实际比赛过程中根据球队处于进攻或防守，以及进攻或防守时球所处的区域和比赛情形等各种不同情况，比赛阵型会随机呈现多种不同的变化[1]。全攻全守战术打法追求的是比赛攻守力量的流动性平衡，不仅要全队参与进攻与防守，而且要形成强大的攻击力和抵御强大进攻的防守能力。其战术内容必须更加丰富和多样、打法设计更加复杂和多变，所以比赛采用全攻全守战术打法的球队需要具备一些基本条件。全攻全守打法在20世纪70年代是以荷兰队“433”阵型为代表，最典型的阵型是1973年5月30日欧冠决赛阿贾克斯队以1：0战胜尤文图斯队的比赛，两队都是采用“433”阵型，但阵型的排列却很不相同，见图5-6[2]。

---

[1] 卡尔·海因茨·黑德尔戈特. 新足球学[M]. 蔡俊五，译.北京：人民体育出版社，1988：28.

[2] 乔纳森·威尔逊·黑德尔戈特. 倒转金字塔——足球战术史[M]. 迪生，徐天辰，译.武汉：湖北科学技术出版社，2016：222.

图5-6　1973年5月30日阿贾克斯队1：0战胜尤文图斯队比赛阵型

（二）全攻全守战术打法的条件

1．球队每一个队员必须具备全面的技术技能

不同于以往队员过于偏重位置技术和技术能力单一的情况，每个场上队员在具备位置技术特长的基础上，必须掌握全面的个人技术及其他位置技术。队员要承担进攻与防守两方面的职能，能够根据比赛需要和战术变化的要求，随时随地可以参与任何角色的进攻或防守任务，而且可以迅速完成攻守角色的转变，无论移动到哪个位置都可以胜任那个位置的职能。以防守队员为例，要在具备防守位置技术和突出的防守能力的同时，也要具备进攻的传接球、突破、传中、射门等技术技能。

2．球队要有多种战术打法变化及丰富的战术内容

首先要能够演绎两种以上的基本比赛阵型，阵型和战术打法可以随时做调

整和变化。能够根据比赛对手不同的实力、特点和局势等采用合理的战术，做出侧重进攻或防守、开放或保守的战术部署，但一定是以攻守平衡和攻守兼备为前提。无论采用何种战术打法，战术内容一定都是丰富多样和机动灵活的，比赛场上随时随处可出现队员之间的位置交叉、轮转及大范围的灵活换位。每一个位置的进攻或防守都是变化无穷的，比如：进攻的右边路传中，可能是右边锋、右边后卫、中卫、中锋及左边后卫等场上的任何队员，而且传中的脚法、地点、时机等都包含不同的战术内容。

3. 队员必须具备良好的身体素质和体能

队员全面的技术技能和比赛丰富多样的战术，还有比赛速度和节奏的加快及争夺的激烈，都对队员的身体素质和体能提出更高的要求。从体能消耗的角度讲，比赛要求队员跑动更长的距离和完成更多的冲刺快跑，要完成更多次的争抢和身体对抗，这是足球运动发展给身体素质和体能训练带来的新课题。一场比赛队员12 000米的跑动距离，70次甚至更多的冲刺快跑次数，已经成为高水平足球比赛的常态数据。所以，为了适应比赛的激烈竞争，高水平的职业队必须高度重视队员的体能训练，体能教练也都是经过专业培训和拥有专门职业资质的专职人员。

4. 队员必须拥有良好的心理素质及强烈的责任心和顽强的意志品质

足球比赛争夺达到至高境界，往往比赛取胜的制约因素超出技战术和体能的范畴，队员的责任心和意志品质更加重要。队员具备良好的心理素质是比赛正常发挥的保障，但常常由于比赛激烈和体能消耗过大，队员注意力和战斗意志下降，此时考验的就是队员的责任心和意志品质[1]。在一场比赛的决胜阶段，往往责任心和意志品质能够发挥重要的作用，而这些心理品质主要依赖于平日的训练培养和比赛磨炼，见图5-7[2]。

---

[1] 全国体育学院教材委员会. 足球[M]. 北京：人民体育出版社，1994：142-145.

[2] 曾民，译. 欧足联2009年欧洲冠军联赛技术报告[J]. 足球训练（内部刊物），2010（1）：6.

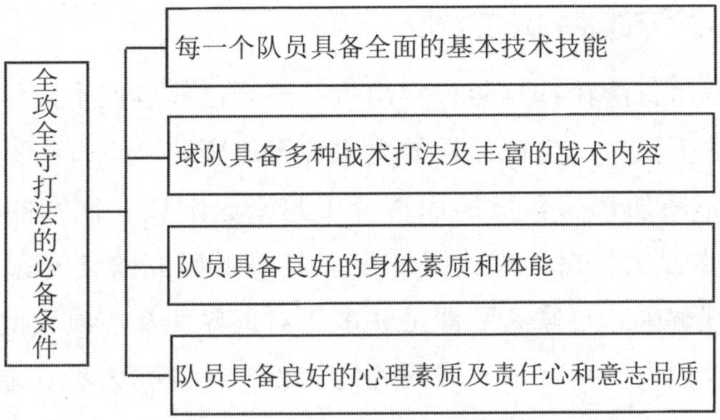

图5-7　球队采用全攻全守战术打法的必备条件

第二节　现代足球发展趋势

现代足球发展趋势探讨是从宏观和微观的不同层面来审视足球运动的发展，宏观方面侧重从整体的战略视角考察足球发展问题，微观方面侧重从具体的技术表现考察足球发展问题，如此可以更全面和客观地诠释现代足球发展趋势的问题。以下的两个主题，其一是现代足球整体发展趋势，是综合历史发展与现实发展，并侧重展现当今足球发展的整体特点；其二是现代足球技术发展趋势，是以对现实高水平比赛的考察为依托，侧重阐述比赛技术表现方面的特点，希望通过阐述和分析帮助大家认识现代足球发展趋势的问题。

一、现代足球整体发展趋势

现代足球整体发展趋势探讨是从全攻全守战术打法出现及其发展的大背景下，考察足球比赛整体的发展及其表现出来的特点，是我们了解足球发展问题的一个重要视角。以下是从全攻全守战术打法的发展和现代足球整体发展的主要特点来分析和说明问题。

（一）全攻全守战术打法的发展

全攻全守战术打法在1974年横空出世，至今已经有四十几年的发展历史。虽然在战术打法上没有产生革命性的变化，但比赛阵型一直在不断革新，比赛速度和节奏在不断加快，队员的职责分工越来越细致，比赛的激烈程度和技术含量已经今非昔比。探讨现代足球发展趋势要研究欧美专家对足球发展的判断，要通过理解国际足联和欧洲足联多年对世界杯及各项大型赛事的研究报告，进而形成我们自己对足球发展问题的认识。在各类大赛群雄逐鹿的攻守较量中，出现过多种战术打法的成功演绎，例如：1982年世界杯意大利队采用保守的防守反击打法取得了冠军；2010年世界杯西班牙队采用全场压迫式打法获得了成功；2014年世界杯德国队采用大开大合的“4231”阵型取得冠军；2018年世界杯法国队又一次采用相对保守的防守反击战术获得冠军等。还有巴塞罗那俱乐部球队在2011年鼎盛时期采用被称为“tiki-taka”的打法达到了世界的巅峰。以上各种战术打法都曾经在一定时间范围内引领了世界足球的风潮，但普遍认为，足球战术打法的变化主要体现在速度、节奏和细节方面。

全攻全守战术打法的阵型种类越来越多样和富于变化，目前流行的阵型主要包括“4231”“433”“343”“442”“4141”“352”等几种，比赛阵型都只是一种场上位置的排列或是一种战术架构，任何一支球队在实际的比赛过程中都会有规律地呈现多种阵型的变化[1]。比赛中的队员分工更加细化和具体，例如：单前锋和一个前腰的布阵，使队员的职责和职能更加细化，同时对他们与球队的配合也提出更高的要求[2]；多后腰如两个或三个后腰的布阵，显然对后腰队员的攻守兼顾提出更高的要求，后腰队员之间既要有细致的分工又要有密切的协作；守门员的职责和活动范围明显扩大，防守时需要起到中卫的作用，进攻时要承担接应任务和起到支点的作用；后场防守队员的中卫需要更多地担任进攻的组织者，边后卫则必须承担一线进攻的任务，边路的突破和传

[1] 张扬，等译. 2010年南非世界杯技术报告[J]. 足球训练（内部刊物），2010（2）：2-3.

[2] 曾民，译. 欧足联2009年欧洲冠军联赛技术报告[J]. 足球训练（内部刊物），2010（1）：4-5.

中已经成为其基本职能。

（二）现代足球整体发展的主要特点

通过以上对全攻全守战术打法发展的分析，可以对当今的足球比赛有一个整体性的认知。但任何事物发展的研究都需要由点到面，如此才能深刻认识及把握其发展规律。现代足球的整体发展只有通过对其现实状况及其特点的分析，才能把握其规律及未来趋向，这样也可以帮助我们更好地设计足球训练和比赛的整体架构。作为现代足球整体发展主要特点的阐述还需要分四个方面展开，图5-8简单概括了现代足球整体发展特点。

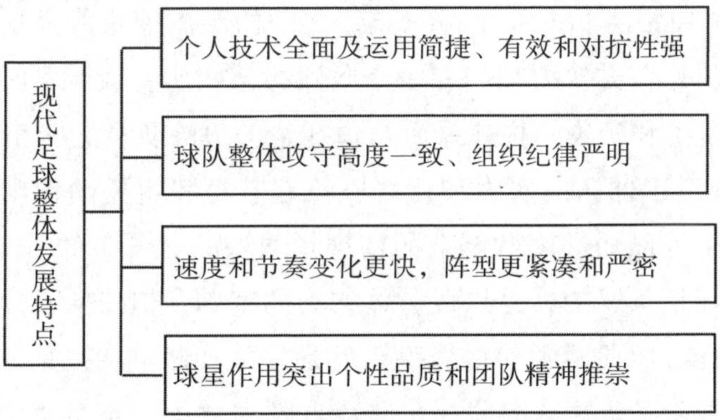

图5-8　现代足球整体发展特点

（1）队员在具备全面技术和良好体能的同时，技术运用更趋于简捷明快和实用有效，动作速度明显加快，竞争性和对抗性明显增强。队员具备全面技术和良好体能是足球运动发展的基本要求，技术运用简捷明快、实用有效和动作速度加快是一种发展趋势，也是我们需要认识和理解的足球技术发展的特点，更是我们在训练和比赛中需要解决的问题，竞争性和对抗性的明显增强，都是从技术运用角度谈足球的整体发展趋势问题，也是我们在足球训练中需要解决的问题[1]。

[1]　张扬，译. 2010年南非世界杯技术报告[J]. 足球训练（内部刊物），2010（2）：1.

（2）越来越强调整体打法，所有队员都要始终作为整体的一员随时参与进攻和防守，并且全队达到高度思想统一和步调一致。整体打法是现代足球发展的重要趋势之一，强调整体打法要把足球比赛中的整体性放到第一位，任何个人都必须服从整体打法和整体利益的需要。在具体的行动上队员个人不仅必须随时参与进攻和防守，也必须跟上整体攻守转换的需要，整体性的具体表现就是全队思想高度统一，行动步调高度一致[1]。

（3）攻守转换节奏明显加快，攻中有守、守中有攻的整体协同能力明显提高，比赛阵型更加紧凑和多变。攻守节奏是指进攻与防守的速度加快和紧凑性加强；攻守转换节奏加快是指双方争夺激烈造成攻守转换的频率加快、次数增多[2]。阵型更加紧凑和多变是指三条线之间的距离缩短并呈现多种有规则的阵型变化，特别是双方实力相当和争夺激烈的某些比赛或比赛时段，比赛攻守阵型前后高度紧凑和密集，拖在最后与顶在最前边的队员之间相距不过30米。

（4）球星对于球队的实力和比赛胜负起着至关重要的作用，突出的技术特点、优良的个性品质和团队至上的精神是球星的必备条件[3]。一支球队每个队员的实力无疑是重要的，是构成整体实力的基础，但球队必须有整体攻守的组织者和具备良好门前感觉的得分手，就是球星，球星往往是球队的灵魂和支柱。而作为球星除了需要具备卓越的技术和体能之外，更重要的是要有良好的修养和道德，要把球队整体的利益放在第一位，特别是在比赛的关键时刻能够站出来承担并顶得住任何压力[4]。

---

[1] 张扬，译. 2010年南非世界杯技术报告[J]. 足球训练（内部刊物），2010（2）：9.

[2] 张扬，译. 2010年南非世界杯技术报告[J]. 足球训练（内部刊物），2010（2）：5.

[3] 张扬，译. 2010年南非世界杯技术报告[J]. 足球训练（内部刊物），2010（2）：10.

[4] 李晓光，译. 欧洲冠军联赛2006—2007赛季技术报告[J]. 足球训练（内部刊物），2008（1）：12.

二、现代足球技术发展趋势

现代足球技术发展趋势主要是依据对现实中高水平比赛的观察，从比赛中提炼能够代表现代足球发展方向的技术表现内容，再总结和归纳成足球技术发展趋势。以下分现代足球技术发展的基本态势和现代足球技术发展趋势的特点两个问题来分析和说明。

（一）现代足球技术发展的基本态势

这里所说的技术是指队员在比赛条件下所完成的各种有球技术动作。技术运用是队员足球比赛最直观的表现形式，也是足球技术训练截取素材的主要渠道。我们探讨现代足球技术发展的趋势，一定要考察世界最顶级球队在最高水平比赛中的技术表现，这些技术表现就代表队员个人技术运用的未来趋向，当然，作为技术发展趋势的考察还需要提炼和归纳其中的特点。前文所述侧重在现代足球发展趋势的整体层面，球队整体的精彩表现是以基本技术做支撑的，足球技术的发展是现代足球整体发展的基础，反过来足球整体发展又给技术发展提供依据和提出要求，两者互为前提、相辅相成、相互促进。

本著专门探讨足球训练基本理念与基本方法的问题，足球技术训练的探讨是其重要的内容，而认清现代足球技术发展趋势及其特点，也就明确了技术训练的基本方向，这是确立训练目标及高效完成训练任务的必要条件。现代足球在技术方面表现出很多鲜明的特点，如比赛争夺异常激烈、对抗性越来越强、比赛的速度和节奏加快、技术施展的空间越来越小等，也有人用“全面、快速、简练、实用、即兴”做了简要概括。现今高水平的足球比赛所表现出来的这些技术特点更加明显和突出，所以，要成为一名职业足球队员必须具备相应的技术能力。足球的技术发展表面上表现在有球的进攻技术方面，其实防守技术的发展是同步的，这种强对抗和高速度下的防守移动和防守抢断同样要受到高度重视。

（二）现代足球技术发展趋势的特点

（1）必须具备在快速移动中和狭小的空间里完成对球处理的能力。就是由于比赛攻守速度加快及防守阵型越来越紧凑，特别是在有球和靠近球门区域的防守人数更加密集，队员一旦拿到球就会处于防守压迫和逼抢之下，脚下的移动和节奏必须加快，而在相对狭小的空间接球、运控和处理球，已经成为一种常态和队员必须具备的能力。

（2）精准的脚法及在合理的节奏下的传递、倒脚、渗透传球或传中及完成射门。由于比赛速度和节奏的加快、防守的压迫和逼抢更加紧促，更多时候很难从容控球和传球，所以要求传球、控球技术的合理、精准与快捷，为了避免遭到对方防守的侵袭，合理的快节奏传递和倒脚大大地增加，而渗透性传球和完成射门则需要具备更强的把握时机的能力[1]。

（3）通过一两次触球有效完成对球的处理，并要求加快速度和节奏[2]。比赛中队员接球一般是以主动的迎护球和提前观察为前提的，为了躲避防守凶狠的逼抢，队员必须简化对球的控制和处理方法，所以相应地通过一次或两次触球完成对球的处理大大增多，如此也就使比赛更加紧凑，比赛的速度和节奏都进一步加快。

（4）完成有效射门的难度大，得分手要具备天赋和快速完成射门的能力[3]。一方面是说由于比赛防守方队员的个人能力越发强大，门前的防守也越来越密集和有层次，进攻方一旦推进到有效射门的区域，往往完成射门的空间和时间都非常有限。另一方面是说一个队拥有具备天赋的得分手显得更加重要，这种天赋很大程度上是一种后天难以获得的门前感觉，就是那种在空间狭小和有前后抢堵条件下完成射门的能力。

（5）随机应变、灵活快速的即兴发挥成为必须具备的能力[4]。在以往防

---

[1] 曾民，译. 欧洲冠军联赛2008—2009赛季技术报告[J]. 足球训练（内部刊物），2010（1）：4.

[2] 曾民，译. 2009年南非国际足联联合会杯技术报告[J]. 足球训练（内部刊物），2009（2）：5.

[3] 张扬，译. 2010年南非世界杯技术报告[J]. 足球训练（内部刊物），2010（2）：10.

[4] 张扬，译. 2010年南非世界杯技术报告[J]. 足球训练（内部刊物），2010（2）：8.

守相对松散的年代，比赛中队员完成技术动作或战术配合往往可以按照一定的事先设定，但现今由于防守能力的提高和防守的紧密，虽然一个队的比赛阵型和队员之间的接应和配合有一定的章法和套路，但所有的比赛场景都是无法预知和瞬息万变的，队员一定要具备快速灵活和随机应变的即兴完成技术动作的能力，而这种能力需要反反复复地在实战中磨炼和提高。

（6）在压力下集中注意力和合理运用技术及抓住场上机会。现在足球比赛的压力是多方面的，已经远远超出其他任何比赛项目，包括正常比赛竞争的压力、场地环境和观众的压力、经济利益的压力、政治和荣誉的压力、对手实力的压力等，一场足球比赛承受巨大的压力已经成为一种常态。有很多有潜质的年轻队员由于无法承受压力而不能获得成功，就是在多重的压力之下，往往难以正常发挥自己的技术和能力，主要是不能专注于比赛过程本身，容易因为情绪失控、过度紧张而技术发挥失常和体能降低。现代足球技术发展特点的归纳见图5-9。

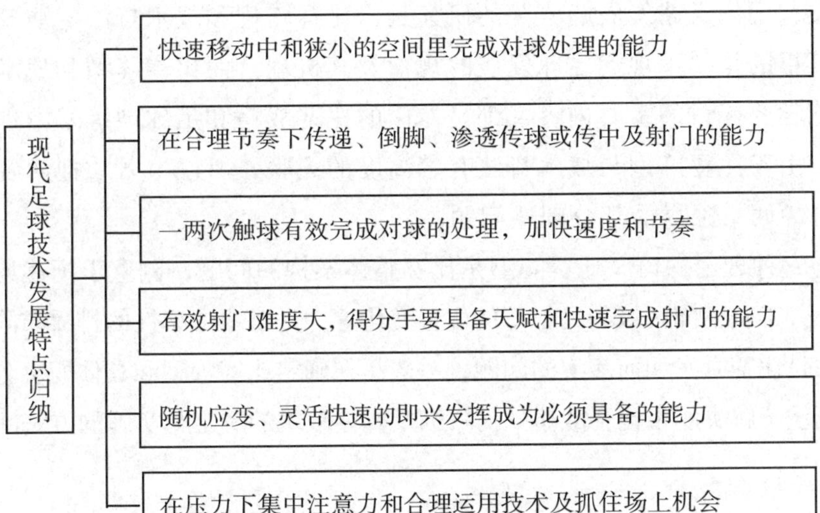

图5-9 现代足球技术发展特点归纳

第六章 比赛阵型与战术打法

比赛阵型与战术打法是足球比赛战略层面的两个概念，两者之间有着不可分割的密切关系。一方面现代足球战术打法的不断发展始终都是围绕比赛阵型展开，比赛阵型设计就好像打仗的排兵布阵，战术打法的布置离不开比赛阵型的骨架支撑；另一方面比赛阵型其本身是战术打法的内容，是整个比赛战术打法的组成部分，战术打法的精彩展现一定包含对比赛阵型的精妙设计。

前文“现代足球发展趋势”的研究是以比赛阵型和战术打法的演变为主线的，但其目的是揭示现代足球发展的规律及其机理。而比赛阵型和战术打法是足球训练学要探讨的重要内容，都是专门的比赛战略和足球训练基本理念研究的课题。由于比赛阵型与战术打法有着高度的关联，所以本著才把两者合为一章，并分为两个独立的部分阐述问题。

作为一种理论探讨，比赛阵型是比赛整体架构的问题，侧重于阐述场上队员的排序、分工及不同区域与局势下的位置变化等，是解决战略性的排兵布阵问题；战术打法是比赛方案如何落实的问题，一般是在确定比赛阵型和具体职责分工的基础上，侧重于解决既定比赛战略如何贯彻及具体战术的制定与实施的方法问题。

第一节 比赛阵型

比赛阵型是一个始终备受关注的足球战术方面的重要概念，无论是历史发展还是现实比赛运用都有无数的探讨热点。比赛阵型的演变历史已经在“现代足球发展趋势”一章有很多的阐述，这里的探讨侧重在基本概念与比赛运用方面。问题探讨分为三个主题，即比赛阵型概念及其辩证认识、比赛阵型设计的原则与要点及常用比赛阵型及其各种变化。

一、比赛阵型概念及其辩证认识

比赛阵型概念及其辩证认识是比赛阵型的实质与认识方法问题，是我们对比赛阵型形成正确认识的基本路径。以下探讨分两个问题进行分析和说明，即比赛阵型概念及其解读和比赛阵型的辩证认识。

（一）比赛阵型概念及其解读

1. 比赛阵型概念

很多国内外足球图书都有比赛阵型问题的探讨，关于比赛阵型概念的阐述各有不同，本著在综合分析各种阐述的基础上，主要借鉴全国体育院校通用教材所做的有关阐述，确定比赛阵型的概念如下：比赛阵型是指一个球队在比赛场上队员基本位置的排列，是球队整体攻守力量搭配和队员职责分工的形式[1]。一支球队无论参加何种比赛，都要根据本队与对手的情况而精心设计比赛阵型，阵型设计包含着各种不同类型队员的合理组合与搭配的问题，是队员个体技术和特长发挥及球队整体形成合力的保证。比赛阵型是足球训练理念探讨的一个重要内容，一个教练员只有形成对比赛阵型的正确认识，才能更有效地驾驭训练过程和指导比赛。比赛阵型的设计与运用越来越受到重视，足球比赛选择和采用一种战术打法及实施各种战术变化，都必须以阵型设计为依据和前提。也就是说比赛阵型就好比是树的根和主干，所有的战术变化就如同枝叶，都是由根和主干而衍生的[2]。

---

[1]　何志林. 现代足球[M]. 北京：人民体育出版社，2000：156.

[2]　廷斯・邦斯博，比厄・佩特森. 足球比赛体系与战术打法[M]. 王跃新，吕志刚，译.北京：人民体育出版社，2002：13.

2. 比赛阵型解读

比赛阵型与战术打法之间有着高度密切的关联，比赛的所有战术变化都离不开比赛阵型的根本。但是比赛阵型与球队的技术风格并无直接的关联，完全不同技术风格的球队可能采用相同的阵型，或者技术风格相同的球队会各自采用不同的阵型[1]。比如：2014年巴西第20届世界杯多数球队采用“4231”阵型，但技术风格却差异极大。再如：2018年俄罗斯第21届世界杯的法国队和乌拉圭队，两个队虽然技术风格有很大的相似性但分别采用了“4231”阵型和“442”阵型。从另一个角度说，参加世界顶级比赛的球队一定是拥有顶级的比赛阵型设计，但阵型本身并无好坏之分，阵型必须适合球队的实际情况，还要能够根据比赛需要而随机调整。一般一个球队必须能够熟练驾驭两种以上的比赛阵型并可以灵活变换。比赛阵型是为战术打法服务的，高水平的整体战术配合一定有比赛阵型的支撑，战术打法的变化也必然伴随着阵型的调整和变化。所以比赛阵型要根据战术打法的需要而选择和设定，合理的阵型设计更利于战术打法的执行与落实。

（二）比赛阵型的辩证认识

1. 比赛阵型是比赛战略框架的设计

关于比赛阵型重要性的问题是有过争议的，曾经有人认为比赛阵型无关紧要，球队能否取胜主要取决于队员的实力。现任德国队主教练勒夫认为：比赛阵型是任何球队都必不可少的战术组成，但比赛中需要队员按照要求创造性地运用，否则阵型讨论容易成为没有意义的纸上谈兵[2]。现在认为比赛阵型不重要的说法已经销声匿迹了，而实际上纸上谈兵也是比赛战术实施的重要一步。客观地说，比赛阵型只是一个比赛战略框架的整体设计，并不能保证实现比赛

---

[1] 阿尔帕德·恰纳季. 足球战略与战术[M]. 杨秀武，阎三义，译.北京：人民体育出版社，1987：6.

[2] 克里斯托夫·鲍森魏因.勒夫：美学家，战略家，世界冠军[M]. 王凤波，译.北京：北京出版社，2016：56.

的预定目标，更无助于应对比赛过程中发生的意外情况[1]。足球比赛的场景及其更多的技战术变化是随机和无法预知的，都是在纷繁复杂情况下做应急的处理，需要队员果敢、创造性地采取应急的技术行为或战术协同配合，这些与比赛阵型均无直接关系[2]。还有现实中确实常常会出现比赛阵型设计与比赛实际相脱节的情况，就是设想与现实达不成统一，从这一点可以说，比赛阵型问题把握得不好也就容易变成所谓纸上谈兵，所以我们还是要辩证地认识比赛阵型的问题。

2. 成功比赛阵型设计的前提条件

足球比赛无论是整体战略构思还是实例分析，都不能否定比赛阵型的重要性。从根本上讲，任何战术打法的构思一定要从比赛阵型开始，只有阵型的布局设计和人员搭配得合理，也就是每个位置都有相匹配的队员承担相应的攻守任务，才能保证预定战术打法的实现。成功的阵型设计需要教练员做长期的研究与探索，需要在反反复复的训练和比赛实践中不断思考和总结。优秀的阵型设计就好比裁制一件合体的衣服，教练员只有深入了解每一个队员的技术特点和特长及缺点和不足，才能够让队员在阵型中感到舒适和找到自我。当然，队员需要预先清楚阵型设计和战术方案，只有使队员明确目的、担负责任和充满信心，比赛阵型才能更有效地发挥作用[3]。比赛阵型要符合队员的训练基础和技术特点，还必须通过训练和比赛过程的反复磨炼、检验和调试，其中的训练强化过程是必不可少的，比赛阵型的讨论是不是纸上谈兵，最重要的是能不能通过训练达到阵型设计与比赛实战的连接。

---

[1] 阿尔帕德・恰纳季. 足球战略与战术[M]. 杨秀武，阎三义，译.北京：人民体育出版社，1987：6.

[2] 卡尔・海因茨・黑德尔戈特. 新足球学[M]. 蔡俊五，译.北京：人民体育出版社，1988：28.

[3] 卡尔・海因茨・黑德尔戈特. 新足球学[M]. 蔡俊五，译.北京：人民体育出版社，1988：29.

3. 比赛阵型对训练的支撑作用

当今任何级别的足球训练都需要围绕比赛阵型而展开，阵型是支撑足球训练的一根重要支柱，技术、战术及体能训练都要与位置技术及比赛阵型相连接。例如：训练过程中从守门员发球到中后场的组织推进，从前场如何突破对方防线到最后如何形成射门，从防守的个人抢球到整体压迫等，训练过程的所有环节都不能脱离阵型及阵型中队员之间的联系与位置变化。在阵型确定之后，只有经过大量的位置技术练习、专门的阵型演练及反复的实战训练，才可能达到比赛阵型设计的理想效果。就如同带兵打仗一样，一个大规模战役的胜利，一定是经过了艰苦的练兵过程和反复多次的小型战役的实战演练[1]。

二、比赛阵型设计的原则与要点

比赛阵型设计的原则与要点是比赛阵型运用把控的关键问题，是比赛阵型运用的依据和方法指导。只有深刻理解比赛阵型设计的原则与要点，才能在训练和比赛中合理和灵活地运用比赛阵型。这里分三个问题进行分析和说明，即阵型设计的基本原则与灵活变化、比赛阵型整体把控的原则及比赛阵型驾驭的要点。

（一）阵型设计的基本原则与灵活变化

比赛阵型设计要以保证攻守力量平衡为基本原则，而且这一攻守平衡一定是全体队员参与进攻与防守的全攻全守式的平衡。现在任何一支强队要在高水平的国际大赛上取得优异的成绩，无论是采用国际上流行的“4231”“433”“442”“343”“352”等哪一种阵型，其阵型设计都必须以攻守平衡为前提。这种攻守平衡是指球队一定既要具备强大的进攻能力，也一定同时具备抵御强大进攻的防守能力。为什么一定要做到攻守平衡？前文已经做了阐述，足球比赛是为了达到取胜的目的，具体就是要争取多进球和少失球，而要达到这一目的就必须做到攻守平

---

[1] 卡尔·海因茨·黑德尔戈特. 新足球学[M]. 蔡俊五，译.北京：人民体育出版社，1988：30.

衡，其中比赛阵型进攻力量与防守力量的合理搭配与达到平衡是重要前提[1]。

任何一种比赛阵型的攻守平衡都不是绝对的平衡，而是动态和可以灵活变化的。所说的动态是指任何阵型的攻守平衡都是处于起伏不定的变化之中。例如：一支球队的比赛阵型不管是在联赛还是在赛会制比赛中，都要根据比赛对手实力、主客场、各队积分等各种情况而做攻守力量的调配，不可能自始至终保持绝对的攻守平衡状态。即便是在一场比赛中，球队也要能够根据整体战略的需要和对比赛形势的分析而变换阵型和改变战术打法。比如一个队开始采用主动进攻的战术打法，一旦比分领先之后，一般都会改用防守反击的打法；而开始采用防守反击打法的球队，一旦比赛先失球处于落后状态，则一般更多改用高位压迫的打法等，阵型必然会随之发生变化。这种阵型和打法的变化又包括主动调整和被动改变，主动调整是教练员有意识地改变阵型和战术打法，被动改变则是在对比赛失控或超出预期时而不得已改变战术，比如：一个球队想采取主动进攻，但被对方压制住而处于被动，这时只能被动地采取巩固防守的阵型与打法。

（二）比赛阵型整体把控的原则

比赛阵型设计及其战术打法运用既要遵循攻守平衡的基本原则，又要根据对本队和对手及各种相关因素的分析而具有灵活性，其中重要的是比赛阵型要与战术打法相匹配[2]。比赛阵型整体把控的原则及其关系见图6-1。比赛阵型变化还包括两种基本情况：一种是对原有阵型的微调，如比分领先时增加一个防守型队员，把“433”阵型变为“442”阵型；另一种是对原有阵型的完全改变，如比分落后时增加多名进攻型队员，把“4231”阵型变为“4213”阵型等。以上是比赛阵型变化的特殊情况，是在比赛中出现特殊情况的应急处理方法。在一般情况下，比赛阵型设计的整体把控需要遵循以下几个原则。

[1] 何志林. 现代足球[M]. 北京：人民体育出版社，2000：158.

[2] 何志林. 现代足球[M]. 北京：人民体育出版社，2000：157.

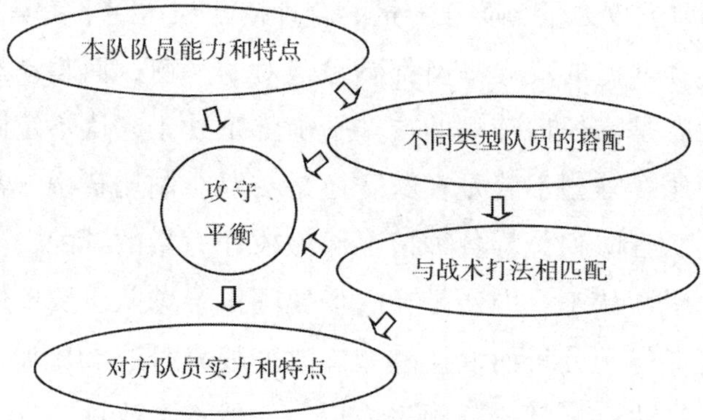

图6-1　比赛阵型整体把控的原则及其关系

1．符合本队队员的能力和特点

阵型设计要根据本队队员的技术、体能和战术配合能力等各方面的综合条件，而确定进攻与防守人员的组合与搭配，阵型要特别注意适合本队队员的特点和个人能力的发挥，要有利于全队形成整体合力。

2．把握好不同类型队员的合理搭配

常言道，“由实力最强的队员拼凑在一起的球队，不一定是实力最强的球队”，意思是比赛阵型设计要兼而使用善于进攻与防守、善于组织和个人发挥、善于动脑和强于体能等各种类型的队员，这样才会形成队员之间的互补和整体更大的合力[1]。

3．保证与战术打法相匹配

球队要根据比赛形势、队员状态及其他各种因素而采取相应的战术打法，比赛阵型是为战术打法服务的，任何战术打法都有与之匹配的阵型，而且无论是侧重进攻还是侧重防守的阵型，都需要通过合理的人员配备和阵型布置而达到与战

[1]　卡尔·海因茨·黑德尔戈特. 新足球学[M]. 蔡俊五，译.北京：人民体育出版社，1988：30.

术打法的适应[1]。

4. 权衡对方队员的实力与特点

阵型设计往往更重要的是知彼，要了解对方比赛阵型及防守核心、组织核心、得分手及主要进攻套路和得分手段等，而了解对方的防守弱点是克敌制胜的重要途径，了解对手而有针对性地安排阵型是克敌制胜的法宝。

（三）比赛阵型驾驭的要点

比赛阵型的设计与实战运用需要教练员不断地学习和钻研业务，教练员只有更多地投入到训练和比赛过程及更深入地了解队员和对手，才能做到知己知彼，及做好比赛阵型的布局。要想自如地驾驭比赛阵型一般需要把握如下要点。

1. 阵型要追求简明、易懂和实用

任何阵型都有复杂多变的一面，也有简单易行的使用方法，阵型的设计与运用要适合队员的训练水平，让队员易于接受和取得自信，并在比赛场上能够充分发挥自己的能力。切忌盲目照搬脱离实际的阵型设计，避免把队员引入困境和陷入为难的状态，要由易到难地逐渐增加内容、变化及难度[2]。

2. 阵型要自己熟悉和有所体会

教练员确定和设计一种比赛阵型，需要反复考察采用这种阵型的球队，要对阵型有比较深入的了解和认知，最好自己有比赛的体验及有过指导这种阵型训练的体会，形成对该比赛阵型的独到见解，也就是说比赛所采用的阵型最好是自己擅长的。

3. 阵型要让队员认可、喜欢和利于发挥

随着队员的成长，每个队员都会对比赛阵型逐步形成认知。阵型是为队

---

[1] 何志林. 现代足球[M]. 北京：人民体育出版社，2000：160.

[2] 阿尔帕德 · 恰纳季. 足球战略与战术[M]. 杨秀武，阎三义，译.北京：人民体育出版社，1987：9.

员而设计的，除了教练员擅长和喜欢之外，也要得到队员的认可和喜欢，但重要的是要让队员在比赛中找到位置感觉和自信，要让队员的技术和特点得到发挥，这样才能让球队的整体实力得到充分的发挥。

4. 阵型要有伸缩性和调整空间

一方面是阵型设计要有一定的可变性和灵活性，这一点需要教练员有更多的训练过程，需要球队具备较高的素养；另一方面是尽可能让每一个队员有更多的上场比赛机会，让替补队员也有技术特长及相应的自信。这样阵型就可以具有伸缩的弹性，可以根据对手的不同情况而变换人员和调整战术打法。

5. 阵型要注意攻守兼顾

攻守平衡、攻守兼顾既是整体阵型设计的原则，也是具体人员安排需要考虑的，要注意攻守兼备型队员、善于进攻和善于防守等不同类型队员的统筹使用，不能过于偏重进攻而造成防守力量不足，或反之，而是既要保证阵型具有攻击力，又要保证防线的稳固。

6. 阵型要有整体性和稳定性

比赛中无论是进攻还是防守，无论队员之间如何横向或纵向换位，始终要保持每个位置都有队员，既不能出现某个位置无人站位，也不能出现人员重叠。三条线之间要相互衔接而不能脱节，高水平球队的前锋线与后卫线之间的纵向距离要在30米的范围[1]。教练员只有做到对阵型及其变化心中有数，才能够让队员个人技术得到发挥，才能使比赛阵型和战术变化联系起来[2]。比赛阵型一旦确定，就需要有一定的稳定性而不可以随意改变。现代足球比赛阵型驾驭的基本要点归纳见图6-2。

---

[1] 何志林. 现代足球[M]. 北京：人民体育出版社，2000：161.

[2] 卡尔·海因茨·黑德尔戈特. 新足球学[M]. 蔡俊五，译.北京：人民体育出版社，1988：30.

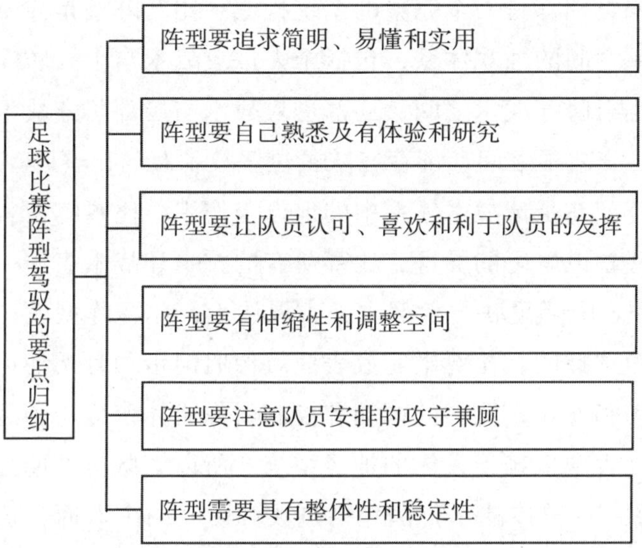

图6-2　足球比赛阵型驾驭的要点归纳

三、常用比赛阵型及其各种变化

常用比赛阵型及其各种变化是比赛阵型的实战运用的问题，比赛阵型根据临场需要所做的人员替换、位置调整和阵型改变，是在遵循攻守平衡原则的前提下，使比赛向更利于己方所做的调动。以下分三个问题进行分析和说明，即比赛阵型在战术体系中的地位、比赛阵型变化的原理与方法及常用比赛阵型及其各种变化。

（一）比赛阵型在战术体系中的地位

任何足球战术问题的阐述都把比赛阵型作为重要内容，本著足球战术的主题将在后续“比赛基本要素”和“足球训练内容构成”等章节中阐述。比赛阵型问题主要在本章做专门的探讨，在此同步介绍足球战术体系与比赛阵型的关系。足球战术体系一般包括进攻战术与防守战术两个方面，进攻战术体系与防守战术体系又分别包括个人战术、小组战术、局部战术和整体战术等几个类别。其中每一个类别都是一个完整的系统构成。比赛阵型是介于进攻战术和防守战术两个体系之间的独立体系，包括个人进攻战术与个人防守战术之间、小组进攻战术与小组防守战术之间、局部进攻战术与局部防守战术之间及整体进攻战术与整体防守战术之间，都存在队员位置技术及与比赛阵型关系的问题。

概括比赛阵型在足球战术体系中的地位与作用，比赛阵型就好比是一台文艺演出的舞台背景或电影的屏幕，比赛所有的技术和战术表演一定是在比赛阵型的框架之内[1]。国际足联技术部主任吉恩认为：比赛阵型就像人体的骨架，是由教练员来做选择的；比赛中完成表演就像肌肉带动骨架的运动，是由队员完成的阵型移动和变化；比赛的调动和控制就像肌体依赖于神经系统，队员智慧和场上的卓越表现依赖于人体的神经系统。所以，队员的能力是比赛阵型运作的决定性因素[2]。整体战术打法包括进攻和防守两个方面，这两方面都是依托于比赛阵型而确定每个队员的角色和分工，再通过阵型设计而确定战术打法及实施战术变化。目前国际上流行的比赛阵型包括“4231”“433”“442”“4141”“343”“352”“4321”等几种，这些比赛阵型数字排列，只是代表阵型的后卫（中卫和边后卫）、前卫（后腰、前腰和边前卫）和前锋（中锋和边锋）各条线的人员编排，实际比赛中要根据场区、战术要求及比分领先或落后等呈现不同的阵型变化。一支强队在一场比赛中，为了随时满足进攻和防守的需要，一般都会有8种以上反反复复的阵型变化。由此可见，比赛阵型及其变化对于比赛进攻与防守战术打法的实施是非常重要的。

（二）比赛阵型变化的原理与方法

足球比赛无论采用何种比赛阵型，其阵型的各种变化都要遵循一定的原则，其中阵型的人员配置是阵型变化的重要依据。人们在训练和比赛中总结出很多阵型变化的一般原则，比如：整体防守要收缩和里线站位，局部防守要对

[1] 阿尔帕德·恰纳季. 足球战略与战术[M]. 杨秀武，阎三义，译.北京：人民体育出版社，1987：8.

[2] 曾民，译. 国际足联训练手册[J].足球训练（内部刊物），2009（1）：62-63.

持球队员逼压和围堵，整体进攻要利用场地宽度拉开，局部进攻接应要三角连接和随机变化角度等[1]。其实所要遵循的原则都是足球规律的反映，而且比赛阵型变化都对应着这些原则。人们结合实战需要建立了比赛阵型变化的标准和方法体系，依此球队无论在何种攻守场景下，都可以通过阵型变化达到场上队员的合理分布，而这种使场上队员合理分布的阵型变化是依据着一定的原理与方法的。

1．防守阵型变化的“放射线原理”

德国足协高层智囊在经过长期训练与比赛实践总结的基础上，归纳出一种叫作“放射线原理”的防守阵型变化方法，可以以“4231”阵型为例做说明。放射线是从防守一侧两个球门柱到中线之间假想的一条可以左右摆动的射线（见图6-3），防守阵型变化是以四个后卫平行站位为参照标准，当对方进攻靠近球门的时候，四个后卫的间距则相对缩小；当对方进攻远离球门的时候，四个后卫的间距则相对加大。其他防守队员的站位是拉网式前后错开站位，间距随着四个后卫间距的变化而变化。对方进攻从远离球门到靠近球门的过程，后卫站位的间距是由松散变为密集，此过程后卫的防守面由大到小，且形似漏斗，所以“放射线原理”在退守的时候又被称为“漏斗原理”[2]。

---

[1] 乔纳森·威尔逊. 倒转金字塔——足球战术史[M]. 迪生，徐天辰，译.武汉：湖北科学技术出版社，2016：22.

[2] 史蒂芬（国际足联足球讲师）.中国足协职业级足球教练员培训讲义[Z].2014.

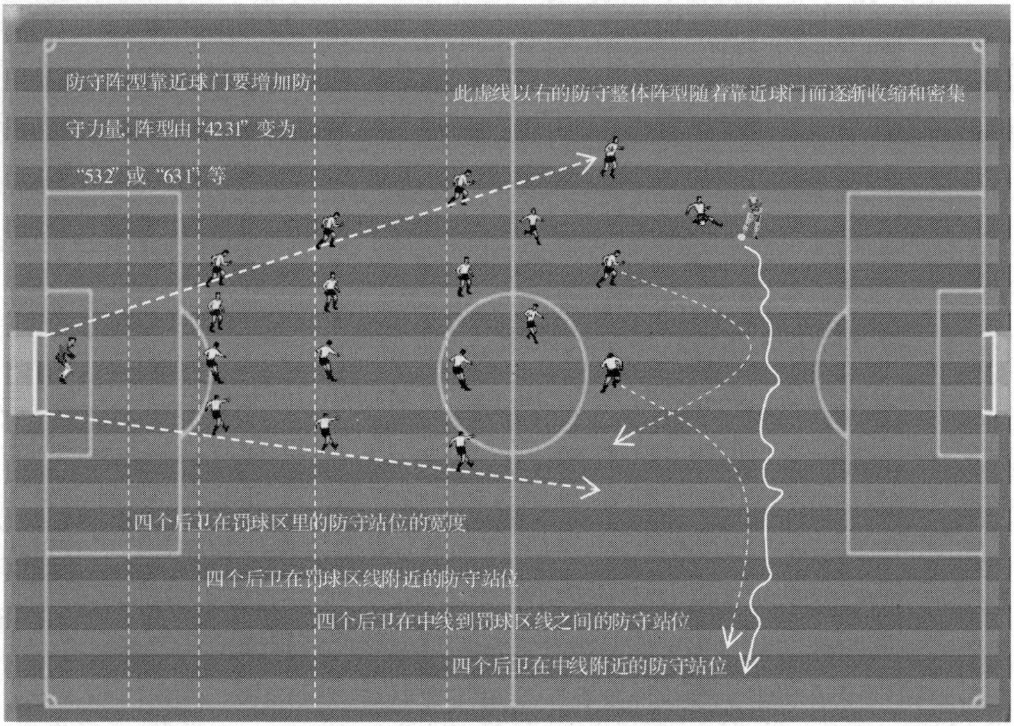

图6-3　防守阵型依据“放射线原理”队员前后移动的相互间距变化

“放射线原理”防守阵型变化大体遵循如下的标准与方法：当对方队员在本方后场组织进攻时，四个后卫以平行站位靠近中线，后位的间距为8~12米，阵型为“4231”，整体阵型随球的运行而变化；当对方整体推进到本方罚球区线到中线之间的区域，防线后撤并后卫线队员之间的距离缩短到6~8米，阵型由“4231”改为“451”；当对方进攻推进到本方罚球区线附近时，后卫线队员之间的距离收缩到4米或更小一些，需要有一个后腰或边前卫队员加入后卫线，阵型为“532”或“541”；当对方攻入到本方罚球区时，后卫线队员之间的距离应当小于2米，需要再有一个后腰或边前卫加入后卫线，阵型为“631”或“64”[1]。以上防守队员之间各种间距的变化在比赛实战中需要有较高的精

[1]　引用史蒂芬2014年中国足协职业级足球教练员培训讲义的内容.

密度，一些高水平球队专门做过不同伸缩间距的试验，防守密集度出现差错就容易造成防守的问题，出现漏洞[1]。通常所说的门前“摆大巴”，其实就是整场比赛放弃全面防守，防守只选取以上漏斗底部的两段区域，于是就形成了门前“摆大巴”的“631”“64”和“721”等阵型。

防守阵型中靠近球门一侧一般是“平行站位”，所谓平行及队员的间距都是相对的，平行之中会有“波浪起伏”的位置变化及细小的间距变化。防守阵型队员的间距原则上是以后卫之间的密集度为标准，阵型基本随着球的左右移动而整体左右移动，随着球的前后移动变化而前后移动及收缩或伸张，一般越靠近球门则密集度越高。同一条防线有中间的队员上抢或逼压时，防线呈“波动式”密集变化，当边线附近队员上抢或逼压时，防线呈“摆动式”密集变化。防守阵型变化根据球所在区域、战术打法要求和比赛局势等有不同的标准和要求，比如主导进攻的球队会阵型间距稍大，主导防守的球队反之，但一般情况下还是依据球所在的区域而变化，“放射线原理”是防守阵型收缩及形成密集的一般原理。而球队在中前场采用高位压迫防守时则没有基本阵型，一般呈1~2人中后场站位保护，4~5人围堵，3~4人逼抢夹围，如图6-4左侧白队由攻转守的整体防守高位压迫行动，右侧红队为守门员接球后发球及阵型拉开。

[1] 张扬，译.“4231”阵型的教学——防守原则与四后卫组织[J]. 足球训练（内部刊物），2010（1）：7.

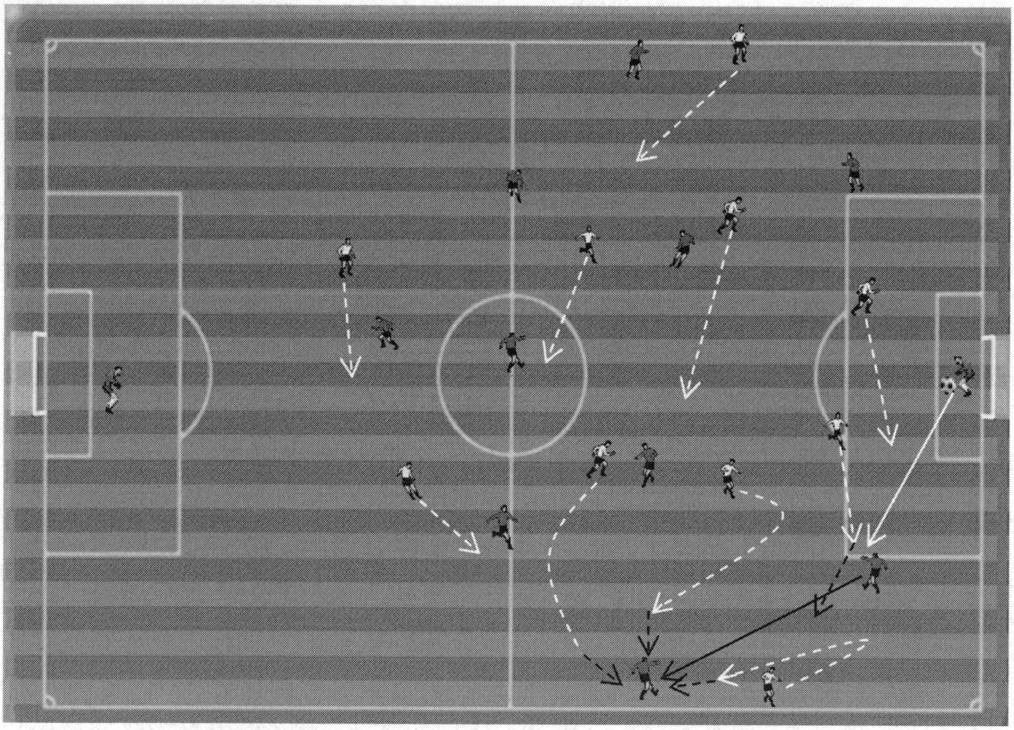

图6-4　左侧白队在高位压迫防守时的“无阵型”状态

2. 进攻阵型变化的“站位原理”

进攻阵型变化是遵循“站位原理”而展开的，保持控球权是球队持续、有效进攻的前提，而保持控球权的重要前提是所有进攻队员的合理站位。西班牙著名教练瓜迪奥拉说：比赛控制球就是站位游戏。所谓站位包括基本站位、移动站位、快速抢位和卡位站位等，“站位原理”是球队整体通过各自站位而形成的合理阵型布局，需要阵型的横向拉开、纵向深度、接应角度及随机变化等，以利于在保证控球权的基础上创造进攻的空间和机会。进攻阵型变化要根据不同场区、不同对手和不同比赛局势等条件而做站位方法的调整，但任何调整都要遵循基本的“站位原理”，见图6-5。

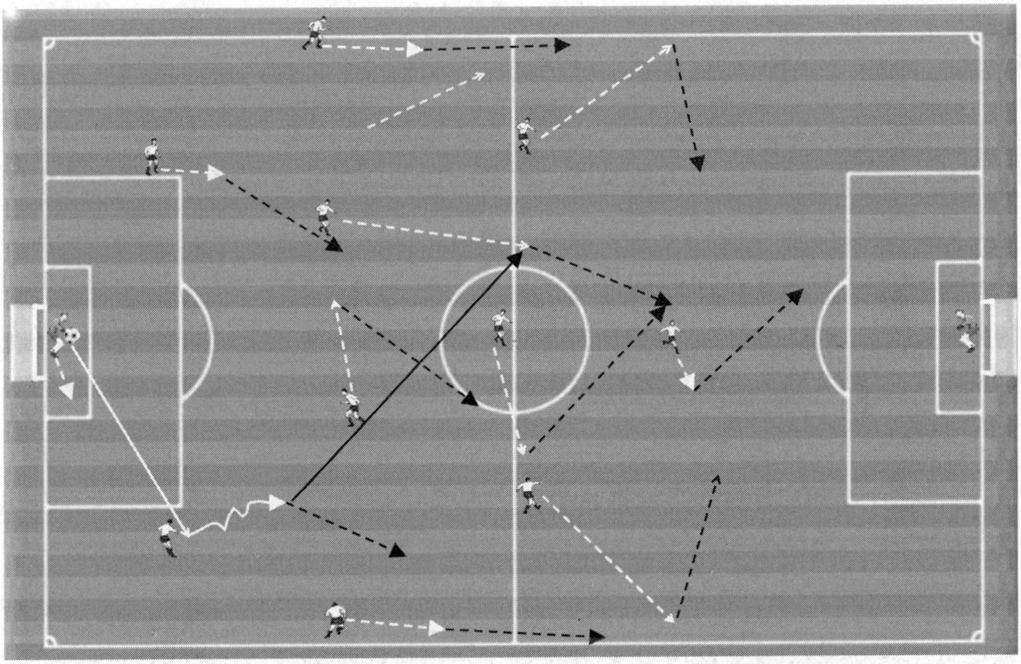

图6-5　进攻不同场区的基本“站位原理”及其中的比赛阵型变化

进攻阵型变化的“站位原理”是依据进攻场区改变而呈现阵型变化。进攻在后场靠近球门的时候，比如：守门员开球时，阵型一般呈“2431”阵型拉开，即两个中卫在两个罚球区顶角附近或更远于守门员的地方，两个边后卫和两个后腰分别与两个中卫站成倒三角形（见图6-5场上队员的原始站位），或有一个后腰后撤要球呈“3331”阵型拉开；当一个中卫拿球，一般阵型变为“2323”（见图6-5队员移动白色箭头的位置），即一个后腰前压，两个边前卫由相对收缩到拉开，并与前锋呈前场三个“目标人”前压；当球推进到拖后后腰拿球，或边后卫和前腰拿球，而且球到中场附近或对方半场时，阵型变回“2431”（见图6-5传球与队员移动同步的黑色箭头标识），即中锋进一步前顶，两个边前卫中收与前腰靠近，两个边后卫和两个后腰前压，两个中卫拖后呈整体进攻的态势；之后利用中路配合或边路前插和前压，呈“2233”或“2242”阵型向对方门前推进或突破对方防线；最后临近门前呈“1243”或

“1234”阵型，可以利用多个前点的个人能力、局部配合及整体的传中包抄完成最后的攻门。图中所画只是一种传球线路的情况，不同传球线路的队员移动或向前移动的队员会有不同，但都遵循进攻基本的“站位原理”。

以上以“4231”阵型为例描述了比赛阵型的基本攻守变化，比赛实战中的防守与进攻都会有更多和更为复杂的变化，这些需要在专门的训练教材和专业书籍中做具体阐述。其他的比赛阵型如“433”“442”“343”等，也同样是遵循基本的“站位原理”，不同场区的阵型变化也会与“4231”阵型有细节上的不同，但所有阵型变化的原理一定是相同的，都需要以简捷、实用、有效为基本原则。

（三）常用比赛阵型及其各种变化

目前，国际国内各类赛场常用的比赛阵型包括“4231”“343”“352”“442”“433”“4141”“4321”等，其中的“4231”阵型是当今世界各国国家队及各级各类球队采用最多的阵型。“4231”阵型诞生于21世纪初期，之后一直盛行，至今近20年。它最早由西班牙皇家马德里队创造，是把“451”阵型的五个前卫分成两个后腰和三个进攻型前卫，主要特点是把以往层次比较明显的后卫、前卫和前锋三条线分成了四条线，这样对后腰、前腰和前锋的位置打法提出更高的要求，就是场上队员的分工更加细化[1]。其中采用“4231”阵型最典型的代表就是德国队，在2014年巴西第20届世界杯比赛中以出色的表现和明显的优势取得冠军。2018年俄罗斯世界杯虽然有很多球队改换使用其他比赛阵型，但“4231”阵型仍然被更多的球队所采用，其中冠亚军争夺中的法国队和克罗地亚队都采用了“4231”阵型，最后法国队获得冠军。这说明该阵型仍然是各队最熟悉和使用最稳妥的阵型。

关于“4231”阵型在进攻与防守各个区域的各种变化，前文“比赛阵型变化的原理与方法”是以“4231”阵型为例做的阐述。关于“4231”与

[1] 张扬，译. 2010年南非世界杯技术报告[J]. 足球训练（内部刊物），2010（2）：8.

其他阵型的变化问题，其本身是由“451”阵型演变而来，在需要加强防守时也很容易变回“451”阵型，在需要加强进攻时也可以很灵活地变为“433”“424”“4141”阵型。其实其他各种阵型有关进攻与防守在后场、中场、前场及门前的各种变化，与“4231”阵型的变化的原理与方法是基本相通的，都是以攻守平衡为基本原则，都是为了取得更有效的进攻和更有力的防守[1]。以下分别介绍另外几种主要阵型的由来、特点、变化及其运用情况。

1．“433”阵型及其各种变化

“433”阵型诞生于20世纪60年代，历史上采用“433”阵型最典型的代表是荷兰队。在1974年第10届世界杯上，荷兰队采用的是此阵型，创造性地向全世界展示了全攻全守战术打法，之后很快被各国所采纳，逐渐成为国际上主流的战术打法。“433”阵型盛行于20世纪70年代和80年代初期，1982年西班牙世界杯表现出色的巴西队、法国队都是采用“433”阵型[2]。直到80年代中后期“442”阵型才取而代之。但在荷兰从青少年阶段开始就一直坚持采用“433”阵型，这也一直是荷兰队参加各类大赛的主要阵型。到21世纪头10年，“433”阵型重新被一些著名俱乐部球队采用，并再次成为一种国际上流行的阵型打法，其中以西班牙巴塞罗那队的三前锋组合最为著名。

2018年俄罗斯世界杯，很多国家的球队都采用了“433”阵型，包括法国队、克罗地亚队、英格兰队、西班牙队、阿根廷队、日本队等，但关键性的比赛各队仍然是以采用“4231”阵型和“442”阵型为主。一般“433”阵型对前卫线和前锋线队员的要求很高，特别是对前锋线的攻击力和前卫线的防守阻截能力要求高，显然三前锋必然要削弱中场的防守力量，一般要求三前锋之间更多地完成配合进攻及射门的任务，还有就是要求前锋与前卫之间换位灵活。所以今天的“433”阵型与20世纪70年代和80年代相比，其打法和内涵已发生了深刻的变化。

---

[1] 张扬，译. 2010年南非世界杯技术报告[J]. 足球训练（内部刊物），2010（2）：9.

[2] 何志林. 现代足球[M]. 北京：人民体育出版社，2000：162.

2．“442”阵型及其各种变化

“442”阵型是20世纪60年代开始出现的，最早是英格兰队采用，当时是为了增加防守力量和加强中场争夺。“442”阵型是20世纪80年代中后期和90年代盛行的比赛阵型，2018年俄罗斯世界杯很多球队开始重新启用。其中最典型的代表是1994年巴西队在美国第15届世界杯上采用“442”阵型并取得冠军，最近的2018年俄罗斯世界杯的乌拉圭队、塞尔维亚队、瑞典队、冰岛队等很多球队都采用了“442”阵型。“442”阵型是后卫线和前卫线各安排四个队员，前锋线安排两个队员。一般后卫线是两个中卫和左右各一个边后卫，防守呈平行站位；前卫线是两个后腰和左右各一个边前卫，早期也有一个后腰和一个前腰的单后腰的中场菱形站位；双前锋一般都是两个特点不同的前锋搭配，包括“一高一快”“一前一后”“一动一静”等各种不同的组合，包括两个后腰、两个中卫、两个边后卫、两个边前卫等都需要有各自不同的特点和不同位置的打法[1]。

1966年英格兰队获得第6届世界杯冠军是采用“442”阵型的加强防守打法。现今的“442”阵型早已被赋予了全攻全守的内涵和更多的战术打法变化，与“4231”阵型不同的是有两个固定的前锋，增加了门前的攻击力和攻击点，要求两个前锋之间有默契的配合，两个人要能够创造更多的射门机会和进球，也要求后腰、中卫和边前卫拥有更强的组织进攻能力。“442”阵型有时候可以与“433”“4231”“451”等阵型互换，2018年俄罗斯世界杯的乌拉圭队和塞尔维亚队是比较典型的“442”阵型打法。

3．“352”阵型和“343”阵型及其各种变化

“352”阵型诞生于20世纪80年代，最早是意大利队首先采用，1982年西班牙队获得第12届世界杯冠军，当时其被称为“532”阵型。“352”阵型主要还是为了争夺中场的控制权和加强两个边路的进攻，该阵型在20世纪90年代和

[1] 曾民，译. 欧洲冠军联赛2008至2009赛季技术报告[J]. 足球训练（内部刊物），2010（1）：3.

21世纪初期盛行，欧洲的很多国家队和著名俱乐部球队都有采用。最具代表性的是2002年第17届世界杯巴西队采用“352”阵型最后获得了冠军。巴西队当时拥有两个攻守兼备且攻击力极强的边前卫卡洛斯和卡福，也成为巴西队的一大特色。在21世纪初期又出现了攻守人数完全相等的“343”阵型，但基本是在“352”阵型框架内所做的微调。

虽然有很多著名教练员仍然坚持追求以进攻和精彩为主导，但现实的比赛还是以取胜为目的，相应地采用保守的稳固防守的阵型打法居多，“352”阵型和“343”阵型由于加强了中场力量，擅长防守的人数相对减少，这样就出现后场防守力量的区域性薄弱，为了加强防守，于是又回到了以四后卫居多的情况，而为了加强中场的力量，又从前锋线回撤人员加强中场，于是形成“4231”阵型。2018年俄罗斯世界杯有少数球队采用了“343”阵型，如英格兰队、比利时队、阿根廷队等，三后卫与四后卫的变化一般需要最少替换一个队员才能重新组织阵型，如变成“433”“442”等阵型，都需要替换队员。现在的足球比赛无论采用何种阵型，每一种都会呈现规律性的多样变化。一般的球队替换一个或两个队员就可以改变阵型与战术打法，训练有素的球队在不用替换队员的情况下也可以完成阵型与战术打法的变化[1]。

第二节 战术打法

战术打法是足球训练和比赛宏观战略层面的问题，战术打法的选择与运用是决定球队能否发挥实力的重要问题。对战术打法问题的认识是随着足球运动发展而不断提高的，也越来越得到各队的重视，正确和合理地选择战术打法是训练和比赛取得成功的重要前提。以下探讨分三个主题，即战术打法概念及其发展、战术打法在战术体系中的地位及各种战术打法及其选择依据。

[1] 曾民，译. 2009年南非国际足联联合会杯技术报告[J]. 足球训练（内部刊物），2009（2）：6.

一、战术打法概念及其发展

战术打法概念及其发展是对足球比赛战术打法的概括介绍，认识战术打法需要从实质和发展历程两个方面展开。以下分三个问题进行分析和说明，即战术打法概念及其解读、战术打法的发展及战术打法的种类。

（一）战术打法概念及其解读

战术打法是训练和比赛战略层面的问题，是参赛球队所采用的整体性的攻守战术方略与原则。一支球队战术打法的选择及如何运用越来越受到重视，一个足球教练员要有效地指导训练和比赛就必须清楚战术打法的概念。本著通过文献阅读和专家调查的方法确定战术打法的概念如下：战术打法是球队根据对我方与对方整体实力及各种比赛要素和每个位置队员优势与不足的对比所制定的整体性比赛攻守策略及其技战术行动原则性的方式方法。概念的要义体现在两句话之中，第一句“整体实力及各种比赛要素和每个位置队员优势与不足的对比”，就是要做到知己知彼，这个知己知彼不是整体上的大概评估，而是要对双方的每一个比赛要素和每一个位置队员的情况做细致的优势和不足的对比，是要通过精细的对比和分析，达到对敌我双方真正的了解；第二句“整体性比赛攻守策略及其技战术行动原则性的方式方法”，就是无论是球队整体的行动，还是具体的个人、小组和局部的任何行为，都不可违背制定的攻守策略，而且任何技战术方式方法都要符合整体的策略和原则。

球队参加比赛的上场人数和阵型采用是有限制和有条件的，队员各自的能力及整体攻守力量和资源是有限的，这样在优化组合和保证攻守平衡的前提下，要最大限度地发挥球队的整体实力，很重要的一点就是要采用合理的战术打法。足球教练员带队比赛就如同将军带兵打仗，一定要根据敌我双方的整体实力及各方面力量的对比，有针对性地采用合理的克敌制胜的战略和原则性的方法。[1]但战术打法是多种多样的，其中就有适合和不适合、有利于球队整体

[1] 马尔切洛·里皮.思维的竞赛——里皮自述[M].李蕊，等译.南京：译林出版社，2014.

发挥和不利于发挥的问题，这也是战术打法与比赛实战相连接及战术打法选择和落实的问题。

（二）战术打法的发展

当今世界足球发展呈现一种明显的均衡化和同步化的趋势，就是世界不同地区的强弱差距在不断缩小，各种不同流派球队的战术打法在相互借鉴和融合[1]。现代高科技通信和新媒体技术的出现，使得人们可以轻松了解足球的发展及其新技术、新思维的动态，足球世界已经没有秘密可言。而且国际足联大力提倡足球的市场化运作和资源共享，这给各国提供了足球人才交流、信息交流和技术交流的平台，人们对于最新技术信息的学习与认识已经趋于同步。这一切为我国摆脱足球落后面貌创造了有利的条件，同时也对我们学习和钻研先进足球理念与方法提出更多、更高的要求。

现在世界上高水平球队的战术打法有很多共性的特征，例如：必须以攻守平衡的全攻全守打法为基础和前提，凭借单一的体能或技术优势而取胜已经成为历史；必须具备中后场控制球打法的基本能力，任何场上乱踢或盲目开大脚已经被摒弃；必须高度重视运动素质和身体机能的训练，高水平队员具备强大的体能是起码要求；必须追求整体配合和个人技战术行动的高速度，任何缺乏速度和速度变化的球队都很难取胜等。这些就是现代足球战术打法所出现的高度同质化的趋势，所有参与国际足球竞争的球队都要以这些为起点，而不可能凭借某一方面的优势作为球队取胜或爆冷的法宝[2][3]。

（三）战术打法的种类

尽管足球比赛的战术打法呈现一种趋同的倾向，但现实的足球比赛仍然存在战术打法上的积极与保守、侧重进攻与侧重防守、快速进攻与稳妥推进等差别，

---

[1]　吉恩·米歇尔.现代足球发展趋势技术报告[J]. 足球训练（内部刊物），2009（1）：37.

[2]　张扬，曾民，译.2010年南非世界杯技术报告[J]. 足球训练（内部刊物），2010（2）：1.

[3]　王新洛，译.欧洲足联技术主任对穆里尼奥的专访[J]. 足球训练（内部刊物），2007（1）：80.

不同战术打法需要不同的设计及训练手段的跟进。现今的战术打法主要包括以下几种：控制球打法、开放式打法、压迫式打法、防守反击打法等[1]。此外还有单方面强调进攻或防守的提法，如快攻打法、攻势打法、防守为主打法、收缩防守打法等。现实中也确实有这种单方面强调进攻或防守战术打法运用的成功案例，如穆里尼奥带领国际米兰队赢得2014年欧冠冠军，在半决赛第二回合就采用了门前“摆大巴”的战术打法，但这是少数非主流的战术打法。

以上多种战术打法的提法不是严格意义上的分类，几种战术打法之间都有着内容的交叉和重复，有时候两种战术打法可以达成完全的统一。一般选择一种战术打法，一定是球队基于对各种利弊关系的权衡而做的趋利避害的选择。但由于国际大赛各队实力越来越接近和竞技水平越来越高，以往那种纯粹的开放式打法、压迫式打法和防守反击打法等很难在现实中实施，完全一边倒的比赛已经很难再现，各种战术打法在相互渗透和融合。但不管怎样战术打法上的区别是一定存在的，比赛必须做战术打法的选择及赛前实施必要的战术打法训练，而且任何球队都需要熟练掌握两种以上的战术打法。战术打法种类的归纳见图6-6。

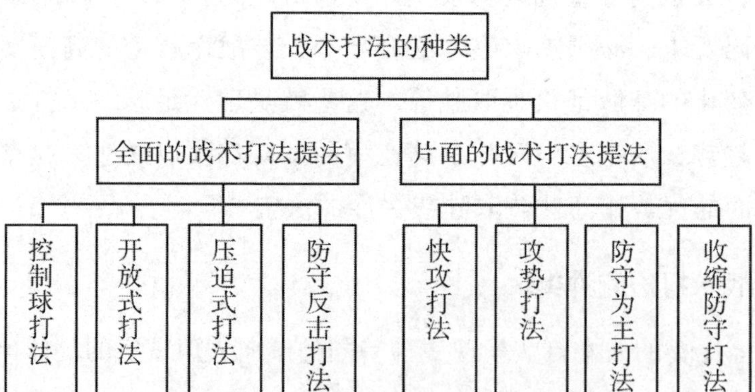

图6-6　足球比赛战术打法种类的归纳

[1] 曾民，张扬，译.2008年欧洲杯技术报告[J]. 足球训练（内部刊物），2009（1）：1.

二、战术打法在战术体系中的地位

战术打法在战术体系中的地位问题是要弄清战术打法与整个战术体系的关系，是摆正战术打法位置和深入认识战术打法的重要一步。以下分三个问题进行分析和说明，即战略思维是战术打法设计的前提、战术打法在战术体系中的地位及战略框架内各种战术概念的关系。

（一）战略思维是战术打法设计的前提

战略一词原本只是一个军事上的概念，时代发展不断赋予其新的内涵，战略的概念也逐渐渗透到政治、经济及其他社会生活领域[1]。我国1989年版《辞海》对“战略”一词的定义是：泛指重大的、带有全局性的或决定全局的谋划。美国哈佛大学商学院教授安德鲁斯认为：战略是要通过一种模式，把战略主体的目的、方针政策和活动有机地结合起来，使战略主体形成自己的特殊战略属性和竞争优势，将不确定的环境具体化，以便较容易地着手解决这些问题[2]。战略思维是一种从系统和全局出发而谋划局部和要素的问题，是要站在全局的高度去处理全局与局部、局部与局部的关系。所谓“不谋全局者，不足以谋一域”是战略思维的一个重要原则。战略思维还要用长远、发展的观点来看待眼前和现实的问题，既要看到面临的有利条件和拥有的优势，又要看到不利条件和自己的劣势。所以战略思维必须坚持辩证的思维方式，全面、客观、发展地认识和处理问题。

国外很多高水平教练都把战争和军事理论用于指导足球比赛，比如里皮在他的《思维的竞赛——里皮自述》里，用较大篇幅阐述了有关“战争理论”的问题[3]。由于足球比赛与战争有着高度的相似性，战争理论和战略思维就成了指导足球实践的法宝，而且兵法哲学既是高于足球比赛战术的战略思维方法，

---

[1]　李成勋.经济发展战略学[M].北京：北京出版社，1999：48.

[2]　史忠良.经济发展战略与布局[M].北京：经济管理出版社，1999：160.

[3]　马尔切洛·里皮.思维的竞赛——里皮自述[M].李蕊，等译.南京：译林出版社，2014：47-49.

又与具体的战术和技术行动紧密关联。足球比赛的战术打法是整体性的攻守战术方略和原则，显然要把足球比赛与战略思维联系起来，其最好的结合点就是用战略思维设计足球比赛的战术打法。我国最具有代表性的军事战略理论就是《孙子兵法》，其中包含着很多具有哲学内涵的战略思维理论与方法，比如："五事七计""作战谋攻""虚实借势""派将用间"等，《孙子兵法》的每一篇、每一节都包含着可供我们借鉴的制胜哲学和战略思维方法[1]。当然，现代的军事思想、战争理论和战略思维方法与我国古代的《孙子兵法》在道理上是相通的，战略思维的现实应用并不一定要学会或精通《孙子兵法》，但需要肯定的是战略思维是足球战术打法设计重要的思想基础。

（二）战术打法在战术体系中的地位

战术打法属于足球战术的范畴，但通常足球战术体系并没有对战术打法做专门的阐述，足球战术问题的阐述一般是围绕进攻战术与防守战术两方面内容展开的。战术打法在足球战术体系中处于较高的层次，也是相对独立的内容，而且战术打法是把进攻战术和防守战术统合在一起的，是关于整体的进攻战术与防守战术的方略与原则的问题，比赛中所有的个人进攻战术与个人防守战术、小组进攻战术与小组防守战术、局部进攻战术与局部防守战术等，一定都在战术打法的辐射范围。

战术打法在足球战术体系中的地位与作用主要体现在比赛运用中，战术打法作为整体进攻与防守的方略和原则，在比赛过程中是处于高端的导向和引领的地位，是教练员通过制定比赛策略和原则来指导和调动及限制和约束队员，队员场上的任何技战术行为都要遵循统一战术打法的方略与原则。一方面，足球比赛要鼓励队员的场上应变和即兴发挥，而且往往足球的魅力在于队员在比赛紧要和关键时刻表现出的即兴能力；另一方面，足球比赛又要求场上队员必须团队协同、统一意志、统一打法，比赛中会有很多刚性的要求和约束，优秀

---

[1] 芳园.孙子兵法与三十六计全鉴[M]. 天津：天津人民出版社，2015：2-38.

的球队一旦确定了战术打法也就明确了刚性的战术策略和战术原则。前文介绍过国际足联技术部主任吉恩的观点：比赛阵型就像人体的骨架，是由教练员来做选择的；比赛中完成表演就像肌肉带动骨架的运动，是由队员完成的阵型移动和变化；比赛的调动和控制就像肌体依赖于神经系统，队员的智慧和场上的卓越表现依赖于人体的神经系统。这里重新阐述这段文字是希望大家进一步理解第三句话，就是战术打法的选择、设计及训练强化，就是要让队员在神经系统建立起支配队员比赛各种行为的指向和约束，就是场上的一切技战术行动都要遵循一定的比赛方略和原则[1]。

（三）战略框架内各种战术概念的关系

在足球比赛战略框架内有很多关于战术的概念，探讨战术打法问题需要理清各个概念之间的关系。其中包括与战术打法概念密切相关的战术配合、战术理念和技术风格，这里分别对这三个概念做简要解释，从而避免相互之间的混淆。战术配合是为了达到比赛目的，场上队员之间通过小组、局部及整体的相互协同和支持而形成的战术攻守行动。显然战术配合是比赛中具体的战术方法与行动的问题，战术打法上位于战术配合。战术理念是足球训练主体在长期训练和比赛实践及理性思考的基础上，按照足球本质和规律而建立的训练和比赛必须遵循的战术原理和准则。战术理念是在一个足球训练主体的辐射范围所制定的最高层面的战术原则，其中包含着支撑战术打法设计的哲学思考与战术原理的问题，所以战术理念上位于战术打法。技术风格是球队在比赛中所表现出的个性特点及其与众不同的气质。一支球队技术风格的形成是有条件的而不是事先设定的，需要有先进的训练理念做支撑，需要在球队拥有训练素养和强大实力的基础上形成一定的战术打法，球队只有在取得大型比赛的成功和实力得到认可之后才会拥有技术风格。日本队前主教练冈田武史曾经说过，足球没有实力的技术风格是不存在的[2]。任何具有稳定技术风格的球队一定是以强大的

[1] 曾民，译.《国际足联训练手册》之教练执教[J]. 足球训练（内部刊物），2009（1）：63.

[2] 宋承良.冈田武史与记者的对话[N]. 杭州早报，2012-11-21.

实力为基础，战术打法上位于球队技术风格，与技术风格并无直接关系。

概括足球战略框架内战术打法与各个战术概念之间的关系，见图6-7：足球比赛的主要战略问题由比赛阵型和战术打法两部分构成，足球战略及战术打法是通过足球战术贯彻与执行，足球战术包括进攻战术与防守战术两方面内容，进攻战术行动与防守战术行动是依据一定的比赛模式而展开的，足球最基本的比赛模式是比赛攻守原则。

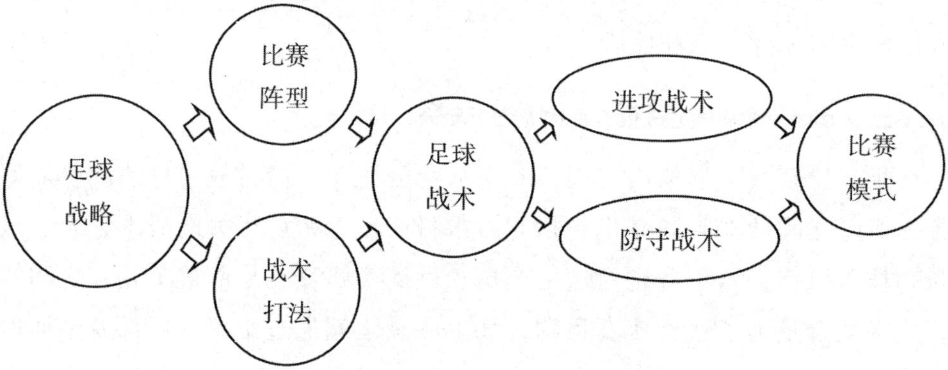

图6-7　有关足球比赛战术打法的各种关系

三、各种战术打法及其选择依据

各种战术打法及其选择依据要在解读各种战术打法的基础上，了解各种战术打法如何选择与运用，是关于球队参加比赛前如何做出战略决策的问题。以下分三个问题进行分析和说明，即各种战术打法的解读及其要点、战术打法选择的依据及以压迫式防守为例的拓展说明。

（一）各种战术打法的解读及其要点

战术打法是需要教练员赛前做出选择的比赛战略问题，对战术打法做出明智和正确的选择，是实现比赛预期目标的重要一步。战术打法大体上分为控制球打法、开放式打法、压迫式打法、防守反击打法等几种，但每一种战术打法又有着丰富的内容及很多的变化，例如：防守反击打法从防守的重点区域划分，可以分为深度收缩的防守反击、中场低位收缩的防守反击、中场高位防守反击、高位防守反击，而且反击速度、传球方式方法、冒险度大小等也有不同[1]。所以战术打法设计需要做得深入和细致，而且要经过训练磨炼和比赛检验。一支强队要能够熟练掌握各种战术打法，而且特别需要通过大量的训练解决某些关键和细致的问题，一般赛前需要更熟练地掌握两种以上的战术打法。

1. 控制球打法

控制球打法是球队把比赛中的球权控制放到首要位置，没有球权要争夺球权，获得球权后要在保持控制球的前提下，寻找突破防守和向前进攻的机会，讲求进攻的稳妥而不采用大胆和冒险进攻的方法。控制球打法的要点是以占有控球率为基本前提，进攻速度相对缓慢而不追求冒险进攻。控制球打法也可以与压迫式打法、开放式打法同时使用，并不与快速进攻、快速反击打法相矛盾。所以，控制球打法并不是消极的打法，它包括在中场和前场强对抗条件下对球的稳妥控制。

2. 开放式打法

开放式打法是球队在比赛中无论在任何场区都要全面和全力地压制对方，采取主动、积极的战术策略和技术方法，争取更多的控球权和进攻主动权，还要采取快节奏和带有一定冒险性的进攻。开放式打法的要点是全力限制对方和积极争取主动，比赛实践中常常与压迫式打法并行使用，也可以与控制球打法和防守反击打法并行使用，可见各种打法之间并不是相互对立和有你没我的矛盾关系。

3. 压迫式打法

压迫式打法是球队在比赛中始终要给对方以压迫感，进攻中追求快速把球打到给对方带来压力的地方，由攻转守时则要以最快速度反抢及形成对对方的压迫，要争取尽快形成夹抢和围抢重新获得控球权。压迫式打法的要点是无论

[1] 引用史蒂芬2014年中国足协职业级足球教练员培训讲义的内容.

处于进攻还是防守，时时处处都要给对方施加压力，压迫式打法常常与开放式打法是统一的，采用压迫式打法也可以强调控制球打法和追求快速反击。压迫式打法的防守分为高位压迫防守、中场高位压迫防守、中场低位压迫防守和低位压迫防守等几种。

4．防守反击打法

防守反击打法是球队在比赛中首先要重视和保证防守的稳妥和不失球，而不追求控球率和防守抢球的成功率，一旦抢球成功获得球权则要求以最快速度将球向对方防守的薄弱区域传球和推进，反击要追求速度和对对方的威胁，而不追求成功率。防守反击打法的要点是防守的稳固和反击的速度，防守反击打法可以与上述各种战术打法相结合使用，防守反击打法又包括后场深度收缩防守反击、中场低位防守反击、中场高位防守反击和高位防守反击[1]。

（二）战术打法选择的依据

战术打法与比赛阵型往往是相互依赖和统一的关系，战术打法选择与比赛阵型设计有着很大的一致性，就是说比赛阵型设计的依据，也是战术打法选择的基本依据。但战术打法与比赛阵型不是必然的联系，战术打法的选择还是要考虑其他很多的因素，例如：本队的传统战术打法、本队与对方的基本状态及比赛积分或出线形势等。战术打法选择更具有灵活性和可变性，比如：当比赛的比分关系变化、对方人员调整、本方重要队员受伤及比赛阵型变化的时候，战术打法都需要做出相应的调整。战术打法选择要遵循一定的原则，这里从几个大的方面阐述战术打法选择的主要依据。

1．控制球打法的选择依据

采用控制球打法一般主要依据以下几个方面：第一，球队在技术和整体控制能力方面有明显优势；第二，球队有控制球打法的基础或已经形成一种传统风格；第三，比赛是在没有胜负压力或有积分优势等情况下；第四，出于对控

[1] 张扬，曾民，译.2010年南非世界杯技术报告[J]. 足球训练（内部刊物），2010（2）：1.

制球战术打法的尝试等。是否选择掌握比赛主动的控制球打法要综合考虑以上四个方面的主要因素。2018年俄罗斯世界杯比较典型的采用控制球打法的比赛包括：西班牙队对俄罗斯队八分之一决赛、巴西队对哥斯达黎加队小组赛第二场比赛、德国队对瑞典队小组赛第二场比赛等。

2．开放式打法的选择依据

采用开放式打法一般主要依据以下几个方面：第一，形势要求球队必须取得比赛的胜利；第二，球队的整体实力占有较大的优势；第三，出于一种战术打法的尝试；第四，球队处于良好的比赛状态和势头正旺等。开放式打法的选择要综合考虑以上几个方面的主要因素。2018年俄罗斯世界杯典型的采用开放式打法的比赛包括：德国队对韩国队小组赛第三场比赛、阿根廷队对尼日利亚队小组赛第三场比赛、比利时队对日本队八分之一决赛等。

3．防守反击打法的选择依据

采用防守反击打法一般主要依据如下几个方面：第一，球队的整体实力明显不如对方而采取保守的打法；第二，出于比赛战略的需要或对方占据优势被动地采用防守反击打法；第三，源于球队的传统或者球队有一批善于打防守反击的队员；第四，在与对方实力相当或略强于对方的情况下采用先稳固防守不失球的稳妥做法等[1]。2018年俄罗斯世界杯比较典型的采用防守反击打法的比赛包括：法国队对克罗地亚队冠亚军决赛、俄罗斯队对西班牙队八分之一决赛、墨西哥队对德国队小组赛第一场比赛等。

4．压迫式打法的选择依据

采用压迫式打法一般主要依据如下几个方面：第一，球队有防守优势和有足够多的反抢能力强的队员；第二，经过专门的压迫式打法训练及形成强大的压迫能力之后；第三，形势要求球队必须取得比赛的胜利；第四，出于尝试压迫式打法的需要等。压迫式打法的前提是要给对方以强大的压迫感，无论是进

---

[1] 张扬，曾民，译.2010年南非世界杯技术报告[J]. 足球训练（内部刊物），2010（2）：1.

攻还是防守都要约束和压制对方。2018年俄罗斯世界杯典型的采用压迫式打法的比赛包括：巴西队对哥斯达黎加队小组赛第二场比赛、塞尔维亚队对丹麦队小组赛第三场比赛、德国队对韩国队小组赛第三场比赛等。

（三）以压迫式防守为例的拓展说明

以上各种战术打法的概念及其应用都仅仅是简要的介绍，其中每一种战术打法又都包含着丰富的内容，比如：压迫式打法又可以分为压迫式进攻和压迫式防守。压迫式防守又包含很多的细节问题，例如：在不同区域、不同时机都会有各自不同的处理方法。以下仅以压迫式防守为例进行说明。

压迫式防守实际上一直以来都被广泛采用，只是在现代足球诞生之后的很长时期，并没有形成目的明确的压迫式防守打法。一般任何球队在比赛输球想扳平或平局想赢球的时候，教练员和队员都会采用全线逼压式的防守，在历史上这种情况反复出现且屡屡奏效。到了20世纪80年代，欧洲就有教练员想到把这种无意识或被动使用的打法，变成有意识及从比赛一开始就主动采用的战术打法，这就形成了压迫式防守的雏形。到20世纪90年代，压迫式防守在欧美国家风行一时，这一战术逐步纳入到比赛战术体系之中，进而又与压迫式进攻统合成压迫式打法。采用压迫式防守最典型的案例出现在1996年的欧洲杯比赛中，德国队差不多全过程采用了压迫式打法，最后取得冠军。但实际上风险很大，德国队自己总结经验也认为要适当收敛及有选择地使用压迫式防守。德国队那届比赛的另一个代价是造成了伤兵满营，冠亚军决赛只剩下一个队员比埃尔霍夫可以替补出场，比赛最后恰恰是比埃尔霍夫替补上场帮助德国队以“金球”获胜。所以，虽然后来压迫式防守的训练受到每一个强队的重视，但很少再有比赛全过程采用压迫式防守的情况[1]。

压迫式防守是一种积极、主动的防守战术，是球队处于防守时，全体队员要全线主动防守逼压，无论球在哪里都要采用积极、主动的整体防守行动，对

[1] 郑谋荣，刘夫力.现代足球比赛的“逼迫式”打法[J].体育师友，2007（1）：60.

对方持球队员采用主动、凶猛的抢球、反抢、夹抢和围抢，并以此方式争取比赛的主动和控球权。现在又有压迫式打法的提法，就是进攻过程中也有压迫的问题，两者加一起就是比赛全过程的整体压迫。压迫式防守与全场紧逼防守是有不同的，由于压迫式防守逐渐形成体系，全场紧逼防守主要体现的是压迫式防守的前场高位压迫防守的部分。

压迫式防守大体上分为前场高位压迫、中场高位压迫、中场低位压迫、后场低位压迫四种压迫模式，每一种模式都有具体的压迫内容、形式和方法，都需要专门的训练和精细环节的反复磨炼[1]。前场高位压迫一般不强求防守阵型，大体上有两种情况。一种情况是对方控制球，如守门员发球后或一个后卫传球之后，防守方的前锋要快速切断对方回传线路，整体阵型迅速向有球一侧移动，将球向预设的陷阱“驱赶”，同时外围形成封堵传球并收缩防线。最后形成二人夹抢或三人围抢，三或四人封堵短传，二或三人截断长传，一或二人拖后保护以备对方突出重围形成反击时延缓他们的进攻，这种整体前场高位压迫的防守德国队做得最好。另一种情况是球队丢球后的反抢，阵型移动的原理是一样的，但需要更加快速，这种快速的前场高位反抢需要球队长期的训练和形成高度的默契，在世界足球强国中西班牙队做得最好，而更经典的是曾经的巴塞罗那队和现在的曼城队。

中场高位压迫和中场低位压迫防守，同样都需要切断对方回传线路，后场低位压迫也是一样，切断回传线路就像瓶塞的作用，是各个场区形成压迫的必要条件。但后场低位压迫有更多的训练内容和训练要点，需要强调更多的细节和精准度，例如：“平行站位”的“波动”和“摆动”及其中的左右距离和谁上谁下的变化，“驱赶”的变化更多和灵活性更强，有时候要求有意识让对方持球队员推进超越自己，但实际上是之后封堵回球和形成夹抢等，而且后场低位压迫防守的技术要求更高和细致变化更多，但这些需要在专门的足球训练教材中做更细致的阐述。

---

[1] 引用史蒂芬2014年中国足协职业级足球教练员培训讲义的内容.

第七章 比赛基本要素

系统论观点认为：任何系统都是由两个以上要素组成的整体，系统的每一个要素又可以称为子系统，子系统又由另外一些要素组成；即便是同一个系统，从不同发展阶段或不同角度去考察，其组成要素也是不同的[1]。前文已经探讨了足球训练要素的问题，是把足球训练作为一个系统。足球比赛同样是一个系统，而且可以把足球训练与比赛统合成一个新的系统。前文所述足球训练是以比赛为核心和归着点，说的就是两个系统统合成一个系统的关系，就是说足球训练过程的所有环节，包括训练的构思与设计、组织与实施、指导与纠错等，都要统一于比赛的需要。

这一章是把足球比赛作为一个独立的系统，探讨比赛系统中的要素问题，这样既是认识比赛过程的需要，也利于我们更好地做好训练工作。本著把那些具有训练学意义的比赛要素称为比赛基本要素，包括技术、战术、体能和心理四个方面，四个比赛基本要素共同支撑球队的竞技实力。足球比赛虽然会直接地受到天气、场地、队员状态、主客场等因素的制约，而且无论是主场或客场又都会受到观众的多少、态度、行为等因素的影响，但这些都不是影响球队实力的比赛基本要素。

以下首先阐述比赛基本要素的概念，再阐述四个基本要素及其相互关系，之后探讨每一个基本要素的概念、内容及分类方法，目的是让我们全面了解支

[1] 刘大椿.科学技术哲学导论[M].北京：中国人民大学出版社，2015：321.

撑球队竞技实力的要素构成，明白教练员掌握比赛基本要素知识对于设计与控制训练的重要意义。

第一节 比赛基本要素及其相互关系

比赛基本要素就是我们通常所说的技术、战术、体能和心理四个方面，是比赛过程中球队及队员实力体现的基本构成因素。四个基本要素与足球训练内容是统一的，比赛基本要素对应的就是训练内容，了解基本要素之间的相互关系利于帮助大家认清各个要素在比赛中的地位及其对于训练的重要性。以下分两个主题进行分析和说明，其一是比赛要素综述，其二是比赛基本要素之间的关系。

一、比赛要素综述

比赛要素综述是更为整体和宽泛地探讨比赛要素的构成。比赛要素构成是复杂的问题，我们可以在全面介绍比赛要素的过程中突出比赛基本要素的重要性。探讨主要包括三个方面的问题，即比赛要素的多种构成形式、比赛基本要素的概念及其解读和队员——比赛基本要素的载体。

（一）比赛要素的多种构成形式

很多足球教材和著作都有足球比赛要素问题的阐述，普遍认为足球比赛包括技术、战术、体能和心理四个基本要素。关于这一比赛要素构成有各种不同解释，比如有的教材认为，在足球比赛中决定球队竞技实力的各种基本要素有着各自的作用方面：技术要素决定对球的控制；战术要素决定对比赛的控制；体能要素决定对身体的控制；心理要素决定对思维活动的控制[1]。比赛要素从其系统构成的角度看，是指那些足球比赛过程必不可少的组成元素。如前所述，如果从不同角度去考察足球比赛系统，其构成要素一定会有很多不同的情

[1] 谭华俊.足球教学与训练[M].广州：广东高等教育出版社，1993：162.

况。例如：从人员构成的角度看，比赛系统由队员、教练员、裁判员、比赛组织者、观众等要素构成。再如：从比赛所需要的前提条件角度看，比赛系统由比赛组织机构、比赛场地、运作资金、各种设施器材及前例所说的各类人员要素构成。又如：从比赛阵型构成的角度看，比赛系统由后卫、前卫、前锋及其更细分的位置角色构成等。这样可以列举出无数种比赛系统构成形式。但是本著是研究足球训练基本理念与基本方法的问题，比赛要素的探讨需要与足球训练相统一和具有训练学意义，也就是要通过比赛要素问题的研究达到更好地认识足球比赛和指导足球训练的目的。

（二）比赛基本要素的概念及其解读

本著提出比赛基本要素的概念，是希望把具有训练学意义的比赛要素从众多的要素构成中区分出来。经过专家调查确定比赛基本要素的概念如下：比赛基本要素是指从比赛战略角度所要考量的具有训练学意义的比赛构成元素，是队员个人和球队整体需要具备并在比赛中表现出来的各种能力和品质。一般认为比赛基本要素包括技术、战术、体能和心理等相互密切关联的四个方面，比赛基本要素是支撑球队竞技实力的基础和根本。

技术是指训练和比赛中所采用的合理处理球的操作方法的统称。但需要强调的是，这里所说的技术不只是练习时完成的纯粹的技术动作，而是包括比赛实战中所表现出来的技术运用能力即技能。战术是球队为了取得比赛主动和战胜对手，在比赛中由个人、小组、局部和整体等形式所采取的有目的的攻守行动方略的统称。战术拥有丰富的内涵，特别是包含着很多深刻、复杂的内容及其战术设计和场上的灵活变化。体能是队员个人和球队整体在比赛中所表现出来的身体形态、生理机能和运动素质，其中的力量、耐力、速度、灵敏和柔韧等运动素质是其决定性的因素[1]。心理是队员在训练和比赛中的心理活动表现，可称为心理现象，一般包括心理过程和个性心理两个方面，也是足球比赛

[1] 赖勇泉.体能训练理论与方法教程[M].北京：人民体育出版社，2009：5-6.

不可忽视的基本要素[1]。要对足球比赛从宏观到微观形成系统和完整的认识，必须弄清四个基本要素之间的关系，也要把每一个基本要素作为一个子系统，对基本要素再做细分，这样才可以弄清每一个基本要素及其细分因素对于足球比赛的作用。之所以把比赛基本要素作为足球训练基本理念的内容，是因为形成对比赛基本要素的全面、深入的认知，可以使足球训练更加高效。

（三）队员——比赛基本要素的载体

从人员构成的角度看比赛系统的要素构成，其第一位的核心要素就是队员。任何球队的竞技实力都是由四个基本要素做支撑的，但四个基本要素的作用发挥都是以队员为载体的。比赛基本要素问题的研究可以抛开人员构成的其他要素，但必须保留队员这一比赛基本要素的载体，比赛中球队整体所具有的技术、战术、体能和心理等方面的实力，都是通过队员个体表现出来的。不仅如此，由于场上队员有着不同的位置分工和各自的职责，每个队员的技术特点、战术任务、体能要求和心理压力都是不同的，也就是说不仅四个基本要素的训练要落实到每一个队员身上，而且根据队员位置和类型的不同，每个队员各方面基本要素会表现出不同的特点。作为承载比赛四个基本要素的队员，对每一个基本要素的控制和把握及改变与发展，都是要通过队员大脑的思维过程，前文讲过比赛阵型与战术打法的认识和驾驭最后是通过大脑神经，其实比赛中所有的宏观问题及具体的每一个基本要素的认识与发展问题，都是要通过队员及其大脑思维的过程[2]。

在此再提前文“足球训练基本概念”一章所探讨的训练要素构成、基本功构成、足球技能形成等，都要在训练过程中向队员灌输和强化，要通过队员大脑的意识过程而形成队员的独立认知和思考能力。有了队员的这些意识的同步发展，比赛的技术运用、战术素养、体能支配和心理调节等能力，才能够得到全面和均衡的发展。这就要求教练员在安排技术训练、战术训练、体能训练和

---

[1] 马启伟.体育心理学[M]. 北京：高等教育出版社，1996：12.

[2] 曾民，译.国际足联训练手册[J]. 足球训练（内部刊物），2009（1）：25.

心理训练时，都要根据队员的具体情况而有针对性地区别对待。教练员从战略角度设计比赛的战术打法，必须权衡每一个基本要素的优势和不足，其中对每一个基本要素深入、细致的分析和判断是必不可少的环节，如此才能做好不同位置和类型队员的选择及比赛阵型的合理搭配。所以教练员在战术打法设计之时，在对比和分析双方比赛基本要素之时，还要细致地对比和分析比赛基本要素的载体——队员的因素。

二、比赛基本要素之间的关系

比赛基本要素的内容是足球训练内容构成的主体，明确了比赛基本要素之间的关系，利于教练员抓住训练工作的重点和做好整体的训练规划。以下探讨包括三个问题，即比赛基本要素关系认识的误区、比赛基本要素之间的辩证统一关系和比赛基本要素与训练的连接。

（一）比赛基本要素关系认识的误区

我国对足球比赛四个基本要素构成很早就形成了认知，而且对四个基本要素各自做了很细致的分类。但很长一个时期我们是把四个基本要素相互割裂开来，把每一个要素看成各自独立的部分，而没有用系统观点把四个基本要素看成相互关联、相互渗透的统一关系。这种以片面、孤立的观点看待比赛基本要素的构成，使我们对足球训练和比赛的认识陷入了严重的误区，这也是我国足球训练思想和方法落后的一个方面的原因。国际先进足球理论的引进及系统观点的建立，使我们对四个基本要素的认识发生了转变，意识到孤立和片面地看待每一个基本要素是错误的，四个基本要素是并行和统一地在比赛过程中发挥作用，无论是训练还是比赛都要辩证统一地看待四个基本要素之间的关系[1]。

国外先进训练思想与方法的学习和我国足球教练员培训体制的建立，也随着我国职业队大量聘请外教，一线职业队已经开始普遍地采用先进和科学的训练

[1] 张铁明.教育信息论[M].南京：江苏教育出版社，1990：25-28.

方法。但我国对比赛基本要素问题的认识转变还是走了很长的弯路，长期以来我们一直是把技术、战术和体能训练割裂开。例如：1994年职业化改革之后实行多年的体能测试，是典型的体能训练与技战术训练相脱节的做法。再如，1997年职业队春训统一每天万米跑的规定，是完全与先进足球理念相背离的。到21世纪初期，很多一线职业队训练课的技术训练、战术训练、体能训练仍然相互脱节，训练课的准备热身、技术训练、战术演练和比赛训练几个部分基本是条块分割，几个板块不是围绕一个主题相互连接和贯通，而是明显处于各自为政的状态。每周都有1~2次专门的体能训练，都是采用无球的各种跑和跳的练习，一般一周最少有1次专门的不结合球的体能训练课。直至今日，多数基层业余教练员仍然陷在这种比赛基本要素关系认识的误区里。

（二）比赛基本要素之间的辩证统一关系

1．统一比赛系统中的不同系统要素

对于足球比赛的技术、战术、体能和心理四个基本要素的认识，我们不仅要用系统的观点把四者统一于比赛和训练过程，还要运用唯物辩证法的观点把它们看成相互联系、相互渗透和高度凝合的统一关系。这种统一关系从不同视角和侧面加以分析，都具有不同的训练学意义。根据系统论的原理，可以把足球比赛看作技术、战术、体能和心理四个基本要素的综合表现过程；也可以看作某一个单一要素的表现过程，就是可以把比赛看作完全的技术或战术，体能或心理的单一要素表现过程。把某一个基本要素作为完整比赛过程的处理模式，是分析和研究比赛过程的一种科学方法。从系统的观点分析，比赛四个基本要素是同时作用于比赛过程的，四个基本要素又是各自独立的子系统[1]。研究比赛过程可以从不同的基本要素展开，就是可以围绕技术问题、战术问题、体能问题和心理问题中的任何一个，相应地训练也可以分为技术训练、战术训练、体能训练和心理训练。

[1]　谭璐，姜璐.系统科学导论[M].北京：北京师范大学出版社，2009：18-23.

现代先进足球理念认为：足球训练中的技术、战术、体能和心理任何一个基本要素的训练，都需要各种不同的训练方法及过程的强化，但最后只有把训练成果反映到比赛过程，就是经过从比赛中发现问题、通过训练解决问题及在比赛中克服问题，这样才是一个完整的训练过程。我们以往采用的脱离比赛实战的单纯技术练习、演练战术练习不是真正的训练，或者仅仅是训练的一部分内容。以上并不是否定训练体系中单纯技术练习、演练战术练习及各种跑跳体能练习的重要，但这些仅仅是基础性和过渡性的练习内容，最重要的是把训练成果在比赛实战中体现出来。从单一基本要素角度看比赛和检验训练效果，可以把比赛过程看作球队完全的技术表现或战术表现，也可以看作完全的体能表现或心理表现。但其训练过程不可能是完全比赛方式，如技术训练的纯技术练习到技能转换练习、战术训练的演练战术练习到战术模拟练习、体能训练的各项素质练习到小型比赛间歇练习、心理训练的肯定评价与鼓励到模拟比赛氛围的适应练习等，都是比赛基本要素训练必要的内容。而所谓训练以比赛为核心或训练要回归比赛过程，是训练要以比赛观察的“典型片段”为素材，再按照设定的“理想比赛模式”，各个基本要素的训练都要基于比赛的需要，紧密地结合比赛并把训练成果转化到比赛过程中。

2. 四个基本要素的辩证统一关系

德国前任国家队主教练勒夫认为：足球训练不能把技术、战术和体能分割开来，而是要把这些要素整合起来进行训练[1]。一支球队的比赛竞技能力主要是通过四个基本要素表现出来，但比赛过程显然是一个复杂的各种基本要素的综合表现，不可能是简单的技术或战术表现，也不可能是单一的体能或心理表现，而是一个高度综合和复杂的各种基本要素的凝合。比赛中每一个队员的技术、战术、体能和心理表现都是不同和不断变化的，每一支球队都有小组配合、局部配合和整体配合，每一种配合又有不同的搭配和随机变化。比赛既是

[1] 克里斯托夫·鲍森魏因.勒夫：美学家，战略家，世界冠军[M]. 王凤波，译.北京：北京出版社，2016：43.

每一个队员个人全面能力的展示，也是全队各项基本要素综合发挥的过程。把四个基本要素一个一个做考察不是最终的目的，而是为全面和立体地观察比赛及做出综合判断服务的。比赛观察也不仅要看单一的基本要素问题，更要看两个、三个和四个基本要素的综合表现问题，而且越是到了高水平阶段，这些综合问题越是训练的重点和关键。所以足球训练需要大量的针对单一比赛要素的训练，也需要更多地把两个、三个和四个基本要素综合起来。当然，如果处于比赛准备期还是更多围绕单一基本要素进行训练，此时的重点是有针对性地解决各种基本要素问题；如果是处于赛前和比赛期则要多围绕综合性问题展开训练，此时更多是解决球队的整体性的问题。

从辩证统一的观点分析，比赛过程四个基本要素是同一个整体各方面实力和品质的表现，只有每一方面要素都得以充分地发挥，球队才能形成强大的整体实力，而往往其中一个基本要素发挥失常，整体的战斗力就会受挫或大大减弱，这就如同混凝土的要素构成必须合理和均衡。这一点用木桶理论比喻更为形象，四个基本要素正如四个侧面的木板，比赛的各个基本要素必须全面和均衡发展。但不管做怎样的精心设计和准备，比赛中每一个基本要素表现都会出现问题和不足，这就是每一块木板的加长和加固的问题，需要通过比赛总结和训练强化来加以改进和解决。

（三）比赛基本要素与训练的连接

通过训练解决比赛中基本要素的问题，直观地从比赛过程看四个基本要素的表现，问题好像显而易见，问题也好像很容易通过训练得到解决，这样很容易陷入孤立、片面和简单化地看待问题和解决问题的狭隘境地。我们过去曾经犯过这样的错误，比如：国家队在重大比赛中表现得“技不如人”就简单地归结为技术训练不足；体能出问题就单纯地从体能训练上找出路等。类似这样的看法和做法都不是全面地看待问题，不是抽象和结构性地分析问题，而是陷入了片面、简单认识和处理问题的狭隘境地。其实比赛中出现的问题，无论是技术问题还是战术问题，也无论是体能问题还是心理问题，都肯定要通过训练过程加以解决。但是，比赛中的问题有着特定的比赛场景，有着问题的复杂性，问题可能关系到技术难度、身体状态、心理状态、时空限制等，以及技术问题里所包含的战术问题、体能问题和心理问题，战术问题所包含的技术问题、体能问题和心理问题等，所有问题的具体场景和条件都是不同的，如果训练只是简单地以解决某一浅层的问题为目的，训练就很难达到高水平和收到理想效果。

当然，高水平的足球训练有很多高明的解决问题的方法，如前文提到的比赛导入训练模式可以有意识、有目的地把队员带入比赛场景和心理状态；小型比赛间歇性体能训练模式能够在更接近比赛强度和环境的条件下完成体能训练；模拟比赛场景训练模式可以让队员在接近真实比赛的场景下完成技术、战术和心理训练等，这些训练方法既可以是针对某一个比赛基本要素问题，也可以是有针对性地解决某些综合性的比赛问题，但训练的结果一定是更利于解决比赛过程中存在的问题。

第二节　比赛基本要素的概念与分类

比赛基本要素的概念与分类是在解读各项基本要素概念的基础上，按照训练的实际需要对各项基本要素做分类及细分的处理。通过分类及细分处理，可以全面展示比赛基本要素的内容构成，如此就可以更为系统地设计和安排训练内容。以下问题探讨是对技术、战术、体能和心理四个基本要素分别进行概念的阐述与解读，并进行基本要素的分类与细分及其各自作用的分析，希望帮助大家整体地了解足球训练的内容构成。

一、技　术

技术是比赛基本要素中的第一位要素，正确理解技术的概念对于训练和比赛是至关重要的认识问题。技术分类及根据训练和比赛需要所做的技术内容细分，是全面了解技术内容及进行系统训练的需要。以下探讨包括两个问题，即技术概念的解读和技术分类方法及其作用。

（一）技术概念的解读

技术是队员在训练和比赛中所采用的合理处理球动作方法的统称[1]。关于足球技术概念的问题，无论是教练员的认知还是在技术训练实施方面，都一定要把技术的实战运用放到核心和首要的地位，就是要重视和强调在比赛中有防守干扰及对抗条件的技能培养。技能是在比赛实战中随机而有效地完成技术动作的能力，不是那种在纯粹的技术练习时动作完成的效果。前文已经对技术与技能的关系做了详细的探讨，而且专门把技能作为主题展开了概念及一系列训练问题讨论。这里解读技术概念及后文详细阐述技术内容，是要把比赛场上千差万别、千变万化的各种技术动作，按照一定的逻辑做类别划分，把所有足球技术一目了然地呈现于一纸之间。这样可以使教练员全面了解足球技术的内容，如此把种类繁多的技术按照不同的类别划分，由易到难、由简到繁及由单一到组合地教给队员，这样不仅可以满足教练员的认知需要，也利于教练员高效、有序地完成系统的足球技术训练。当然，我们的训练一定要注意强调，技术训练不仅仅是要完成各种纯粹的技术动作练习，更重要的是要让队员能够在比赛实战中熟练运用所学的技术。

（二）技术分类方法及其作用

足球技术的分类方法有很多，例如：按照队员完成单一技术动作的目的划分，可以分为踢球、接球、运球等；按照技术动作组合划分，可以分为单一技术、二元组合、三元组合等；按照比赛进攻与防守构成划分，可以分为进攻技术和防守技术；按照场上队员位置划分，可以分为后卫位置技术、中场位置技术和前锋位置技术；按照技术难易程度划分，可以分为简单技术、复杂技术和高难技术等性[2]。本著的足球技术分类显然是为了满足训练的需要，技术训练需要按照一定的分类方法去安排和实施，但技术分类还要根据不同的训练对

[1] 杨传德.足球[M].北京：人民体育出版社，1993：30.

[2] 北京体育大学足球教研室.跟专家练足球[M].北京：北京体育大学出版社，1998：92.

象、训练目的、训练阶段及训练主题等，采取不同的技术分类方法，例如：对于启蒙和初级阶段受训的少儿队员来讲，要以单一、简单的技术动作呈现为主；到了初级后期和中级训练阶段以后的队员，就要以两个及两个以上的多元组合技术为主；而从开始的启蒙阶段到职业训练阶段，都需要按照训练和比赛场上的实际需要而分类等。可见，训练实践中各种分类方法一定是混合和交叉使用的，以下依据训练实践的需要介绍三种常用的技术分类方法。

1．依据技术动作目的的单一技术分类

每一个单一技术都有其作用的效果，根据一个技术动作的结构特点与处理球的不同目的进行分类，可分为运球、控球、假动作、踢球、接球、头顶球和抢球，还包括特殊技术的掷界外球和守门员技术，见图7-1[1]。断球和拦截虽然有独特的作用效果，但其技术动作是用踢球、接球、头顶球、铲球等完成的，不是专门的技术动作。把所有的单一技术按照如上的类别划分及各类技术再分，这样就可以一目了然和有层次地展现足球技术的内容，这对于教练员全面了解足球技术内容、设计足球技术训练及控制训练进度等，都具有重要的指导作用。全面了解了单一技术的情况，可以更好地认识和理解组合技术的分类方法，也可以为足球训练理论研究提供重要的方法指导。

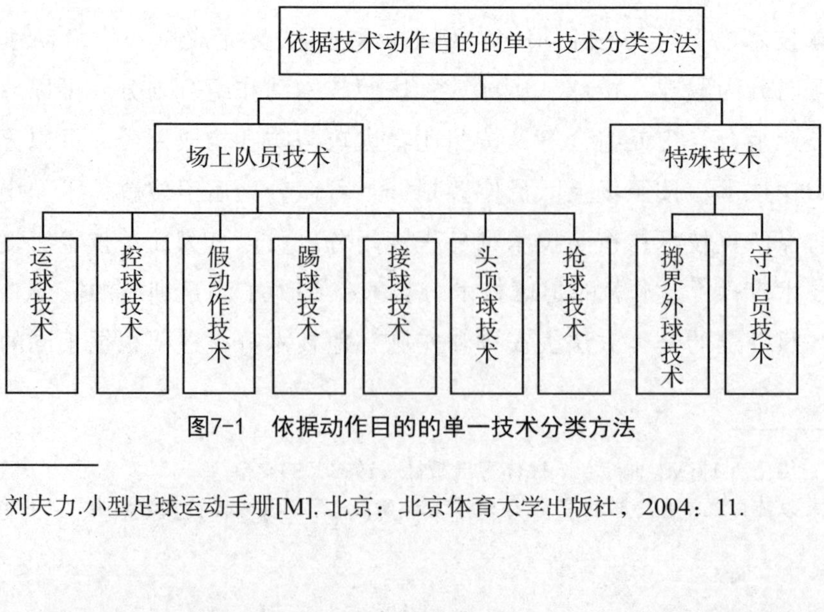

图7-1　依据动作目的的单一技术分类方法

[1]　刘夫力.小型足球运动手册[M]. 北京：北京体育大学出版社，2004：11.

2. 依据组合技术元数的分类

足球比赛中除了头顶球、一脚直接射门或传球之外，绝大多数情况队员接触球要运用组合技术，所以技术训练需要根据比赛实际而更多地进行组合技术练习。为了直观、全面地了解足球组合技术的整体情况，就需要在理论上做组合技术的分类。这种分类按照两个及两个以上单一技术组合的元数而划分，可分为二元组合、三元组合及四元以上的多元组合，见图7-2。显而易见，足球单一技术之间具有易于组合的特点。由单一技术分类可知足球技术动作数量之多，而由二元、三元及多元组合而形成的组合技术数量就更加庞大了。仅就二元组合技术为例，图7-1所列单一技术不做细分的二元组合，按照图中的技术先后顺序可以做如下分类：运运组合、运控组合、运踢组合、运假组合等；控运组合、控控组合、控踢组合、控假组合等；假运组合、假控组合、假假组合、假踢组合、假接组合等；接运组合、接控组合、接假组合、接踢组合等。以上二元组合技术可分为同类技术之间的组合和不同类技术之间的组合，而三元组合技术及多元组合技术则会有更多的分法和提法。如果把每一类技术再做严格的细分，那由各自细分技术之间相互组合而衍生出来的二元组合、三元组合及多元组合技术就是不可计数的。

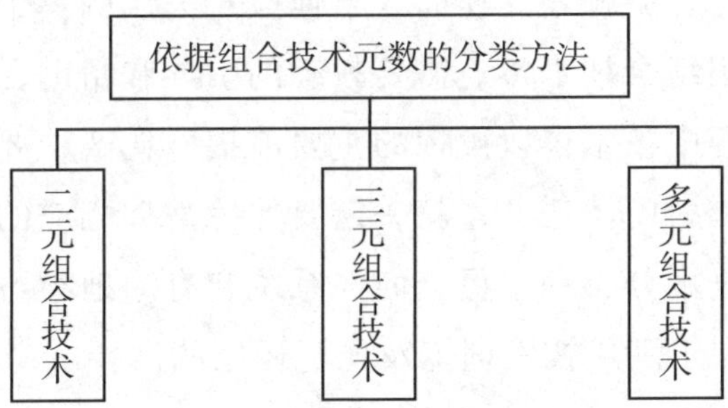

图7-2 依据组合技术元数的分类方法

组合技术分类显然还有其他很多的分类方法，例如：按照比赛实战运用频率划分，可以分为频用组合技术、常用组合技术、偶用组合技术等；按照触球肢体部位顺序划分，可以分为上体与下肢组合技术、大腿与脚组合技术、脚与脚组合技术等。以上组合技术分类探讨并不是要让队员学会所有的组合技术，而是为了了解技术分类的原理及方法，要使教练员在清楚各种组合技术重要性的同时，更系统、有效地做好基本技术训练工作。因为了解了组合技术分类的知识，也就更清楚比赛中常用和实用组合技术的结构原理，可以更有序地安排单一技术及组合技术训练的顺序和进度。队员在其成长过程中，需要全面、系统地掌握每一个单一技术，但由于组合技术数量庞大，队员只能掌握其中很小的部分。在一个队员熟练掌握的组合技术中，很多是从训练和比赛中自然而然获得的，例如：运球与控球组合、接球与运球组合、接球与传球组合等。有些组合技术是作为克敌制胜的方法需要专门练习的，例如：双脚交替拖球与拉球组合（马赛回旋）、左右脚交替外跨组合（踩单车）、单脚外拨与内扣组合（神牛摆尾）等。很多组合技术是队员在训练和比赛中即兴表现出来的，例如：单脚连续快运组合、一脚前拖与换脚内运组合、双脚交替内扣组合等。还有一些组合技术是队员自己琢磨和练就的，例如：假内运真外拨组合（马修斯技术）、单脚内跨外拨组合（加林查技术）、后拖换脚外拨组合（克鲁伊夫技术）等。总之，组合技术训练需要有较大的灵活性和即兴指导，例如：某球星在一场比赛中频繁使用一个组合技术的赛后，训练中某个队员成功运用一个组合技术之后，队员比赛中频繁失误而教给他应对失误的一个组合技术等。队员掌握及做到合理运用组合技术肯定需要教练的引导和帮助，掌握各种常用的组合技术，是队员比赛中技术得以发挥的重要前提，比赛中要出色地完成盘带、突破、接控、传球和射门等任务，就一定要熟练掌握相应的组合技术及其运用技巧。如果说单一技术分类利于更全面、系统和有序地学习和掌握技术，那么组合技术的分类则利于满足技术训练及比赛运用的需要。

3. 依据比赛技术运用实际需要的分类

依据比赛技术运用实际需要划分的技术类别，足球技术可分为运控球、突破、传接球、射门、头顶球、抢断拦截、掷界外球、守门员技术，见图7–3[1]。

---

[1] 引用2009年以来中国足球协会D级教练员培训讲义的技术分类方法。

这种技术分类方法，显然更符合足球训练和比赛实战的目的性。除了头顶球之外，这种分类的每一类技术基本都是组合技术的形式，每一类技术也都更利于与足球技术训练相对接。常言道，“足球技术在比赛中的合理运用就是个人战术”，这种依据比赛技术运用实际需要的分类方法，每一类技术内容都与比赛中的个人战术基本一致，也都是球队战术打法及比赛局部和整体战术配合的组成部分。显然，这一分类是出于足球训练和比赛实战的需要，并不是严格逻辑学意义上的分类，但每一类技术都有很多细分及再细分的内容。与比赛中的个人战术相一致及与整体战术相连接，决定这一技术分类具有更为重要的实践指导作用。一方面，是把单一技术分类和组合技术分类融为一体，可以把技术训练与比赛实战联系得更加紧密，促使技术训练更加符合比赛战术的需要；另一方面，从理论上讲，与现代足球的技术训练与个人战术训练同步进行的观点相符合，可以促进技术训练与战术训练的统一和融合。

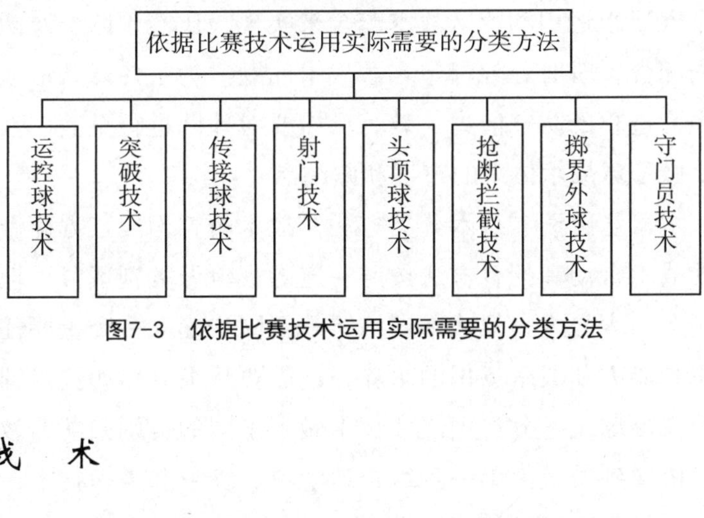

图7-3 依据比赛技术运用实际需要的分类方法

二、战 术

战术是比赛基本要素中至关重要的要素，理解战术概念及根据训练和比赛需要进行战术内容的分类及细分，是保证战术训练系统性的需要。以下探讨包括两个问题，即战术概念的解读和战术分类方法及其作用。

（一）战术概念的解读

战术是球队为了取得比赛主动和战胜对手，在比赛中由个人、小组、局部和整体所采取的有目的的攻守行动方略的统称[1]。战术虽然也只是比赛四个基本要素之一，但同时与其他基本要素有着高度的相关，更多地融合了技术、体能和心理其他三方面基本要素的成分。首先战术是以技术为基础的，有了比赛中的技术行动才可能产生战术，而且比赛中所有技术行为都具有一定的个人或团队的战术意义。体能和心理两个基本要素是完成战术行动的保证，任何战术目的的实现都需要相应的体能和心理要素的支撑。但是战术又拥有其独特的内涵，有一个丰富而完全独立的内容和方法体系，战术更为突出的特点是包含着很多深刻和复杂的成分，战术设计具有很高的玄妙性，比赛场上的战术变化更具有多变性和灵活性。比赛阵型和战术打法作为战略和宏观层面的训练理念问题，已经在前文专门做了阐述，但毕竟球队比赛阵型和战术打法的设计，需要比赛场上个人战术运用和团队战术配合来实现，比赛中队员及队员之间的攻守行动与协同配合，时时处处都包含着战术问题。为了使球队形成强大的进攻能力和抵御强大进攻的防守能力，教练员需要对球队进行全面、系统的战术训练，这就需要做足球战术体系的整理和归纳。

这里从战术概念解读、战术分类方法及战术内容构成三方面做阐述，如此可以把所有的战术行动和配合方法按照一定的逻辑做类别区分，把所有足球战术内容归于一个图表之内。但战术训练还需要同步确立一个重要任务，就是队员场上战术思维能力和战术意识的培养，这需要从最开始的技术训练就同步推进。例如：前文足球技术分类把诸多技术做了不同的类别归纳，教练员可以依此由易到难、由简到繁及由单一到组合地学习、练习和掌握技术，在这一过程中也一定要让队员同步形成战术意识和掌握相应的战术知识，进而逐步提高队员的战术意识及战术行动能力和配合能力。

---

[1] 王崇喜.球类运动——足球[M].北京：高等教育出版社，2001：82.

（二）战术分类方法及其作用

足球战术分类一般是把足球战术按照进攻战术和防守战术划分为两个体系，其中包括各自的定位球进攻战术和防守战术[1]。本著是依据进攻战术和防守战术两个体系，再各自细分为个人战术、小组战术、局部战术和整体战术四部分基本构成，所做的足球战术分类及其细分的内容归纳见图7-4。如此分类之后，足球队员各个成长阶段的战术训练内容也就得以全面、清晰地呈现。比赛阵型和战术打法是作为战略和基本理念层面的问题在前文做了专门的探讨，以上分类没有把两者列在其中。足球战术训练和比赛战术运用是球队能否发挥实力的关键问题，而且比赛形势总是千变万化的，战术运用需要机动灵活。作为教练员需要具备战略决策和战术打法设计能力，也需要具备比赛的战术指导和调整能力，这种能力和素养需要具备丰富的战术知识和长期的经验积累，其中战术训练和比赛战术指导是战术实践的两个方面，但两者的内容是一致的。所以全面、系统和清晰地了解足球战术内容体系是做好训练的第一步。战术训练要根据不同的训练对象、训练目的、训练阶段及训练主题等而选择和确定不同的战术训练内容。例如，启蒙阶段和初级阶段前期的少儿训练，要以技术的合理运用及简单的个人战术训练为主要内容；到了初级阶段后期和中级阶段前期，就要以小组战术和局部战术训练为主要内容；到了中级阶段中后期及高级阶段，则要以局部战术和整体战术训练为主要内容[2]。从初级阶段到职业阶段的整个训练过程，都需要注意让队员贯彻团队和整体攻守的概念和打法。

[1] 全国体育学院教材委员会.足球[M]. 北京：人民体育出版社，1994：133-134.

[2] 北京体育大学足球教研室.跟专家练足球[M]. 北京：北京体育大学出版社，1998：165-174.

- 足球战术
  - 进攻战术
    - 个人：运控、突破、传球、接球、射门、头顶球、守门员、无球行动
    - 小组：控传、插传、传插、墙式、后套、交叉、轮转、间接传球、三人配合
    - 局部：后场控传、中场组织、区域突破、区域快攻、中路区域、边路区域、局部转移
    - 整体：控传进攻、阵地进攻、长传进攻、快速反击、中路进攻、边路进攻、转移进攻
    - 定位球：任意球、角球、掷界外球、中圈开球、球门球、罚球点球
  - 防守战术
    - 个人：选位、盯人、保护、逼压、延缓、抢断、反抢
    - 小组：二人协防、交叉换位、三人防守、二人夹抢、三人围抢
    - 局部：四后卫协防、局部区域防守（4~8人）、前场局部围夹、中场局部围夹
    - 整体：收缩区域防守、前压区域防守、混合防守、压迫式防守、全线逼压防守
    - 定位球：任意球、角球、掷界外球、中圈开球、球门球、罚球点球

图7-4　足球战术分类及其训练内容细分

三、体　能

体能是比赛基本要素中的基础性要素，了解体能的概念是足球训练的一个重要认识问题，根据足球训练和比赛需要对体能训练内容做分类与细分，是系统地进行体能训练的必要条件。以下探讨包括两个问题，即体能概念的解读和体能训练分类方法。

（一）体能概念的解读

足球体能是指队员在足球专项训练和比赛负荷下，最大限度地动员各器官系统的机能而表现出来的能力。体能训练的目的是使队员适应比赛的环境与竞争，比赛中能够调动起各器官系统的机能状态，并能够充分、有效地满足技术和战术水平的发挥。一般认为足球队员的体能结构包括运动素质、身体形态、身体机能和心理素质四个要素[1]。每个要素可以由一系列的具体指标反映其所处的状态，由此共同构成队员整体的体能结构体系。我们在这里探讨足球队员

[1]　刘丹.足球体能训练——高水平足球体能训练理论与实证[M].北京：北京体育大学出版社，2006：4-5.

的体能结构问题，不是要把足球体能做简单或孤立的条块划分，而是要把体能训练与足球比赛实战需要相统一，使体能训练切实符合比赛的实际需要，就是要能够通过训练提高队员适应实战的体能。运动素质是队员形态结构、机能与代谢水平的综合表现，反映的是队员整体和综合的运动能力。这种运动能力的发展又会对队员的身体形态、结构和机能产生反作用。生理机能是队员体能状态内在的物质基础，运动素质与身体形态是体能的外在表现，心理素质是以上三个要素的衍生要素。但无论是体能训练还是对队员的体能评价，都要以适应比赛为目的和以比赛所表现的体能水平为标准。

（二）体能训练分类方法

体能是足球比赛的基本要素之一，足球比赛对队员的体能水平有着很高的要求。足球队员的体能有着复杂的构成：一方面，我们要对足球队员体能构成的原理有一个清楚的认识，这是做好足球体能训练的基本前提；另一方面，需要对体能训练的内容既有宏观了解又有细致探究，要使体能训练与比赛需要相一致。足球体能训练是采用符合足球特点的方法提高队员各器官系统的代谢水平和机能，使之达到比赛所需要的适宜状态。足球体能训练有着不同的分类方法，例如：按照专项需要划分，可分为一般体能训练和专项体能训练；按照队员成长阶段划分，可分为少儿体能训练、青年阶段体能训练和成年阶段体能训练等[1]。体能训练按照不同的分类方法有着各种不同的意义，实际的体能训练一定要综合采用各种分类方法，就是要符合足球体能训练的基本逻辑和利于达到最佳的效果。按照体能结构划分则可分为运动素质训练、身体形态训练、身体机能训练和心理素质训练，以上每一种类别的训练内容又可以细分及再细分，在此可以把足球队员体能训练按照体能结构做类别细分，见图7-5。

[1] 赖勇泉.体能训练理论与方法教程[M].北京：人民体育出版社，2009：13-15.

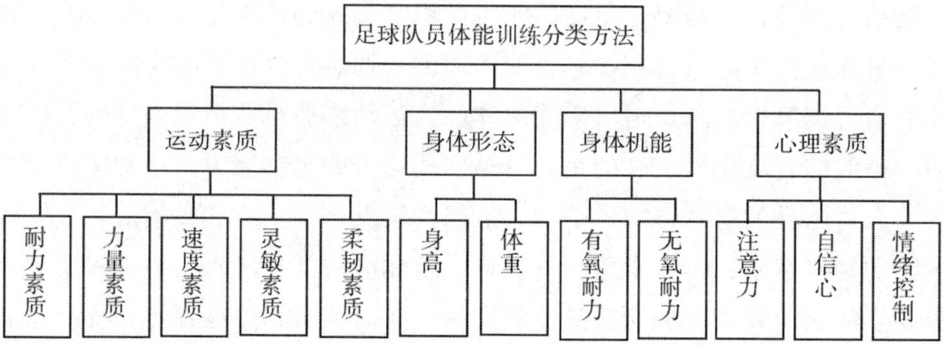

图7-5　按照体能结构划分的足球队员体能训练分类方法

四、心　理

心理是比赛基本要素中的保障性要素，了解心理的概念对于高效完成训练和比赛有着无可替代的助力作用，根据训练和比赛需要对心理训练做内容分类，是进行科学和系统训练的保证。以下探讨包括两个问题，即心理概念的解读和心理训练分类方法。

（一）心理概念的解读

足球队员在训练和比赛中错综复杂的心理活动表现可称为心理现象，一般包括心理过程、个性心理和心理状态三个方面[1]。心理过程是指队员每时每刻都在发生、发展和变化的心理活动过程。一般把心理过程分为认识、情感和意志三种过程。认识过程包括注视、倾听、回忆、理解、想象等；情感过程包括激动、快乐、幸福、痛苦等；意志过程包括追求、决心、努力、奋斗、坚持等。个性心理是指队员个体所具有的带有一定倾向性的比较稳定的心理特征的总和。心理状态是指队员在特定的时间范围内和特定的情境下所表现出的心理活动特点。作为比赛基本要素的心理问题，主要是研究队员在训练和比赛过程

[1]　马启伟.体育心理学[M]. 北京：高等教育出版社，1996：12.

中心理现象的规律与特点[1]。

足球队员心理状态对比赛技术发挥和球队整体实力有着巨大的影响，队员的心理过程兼而具备复杂性和可调性，所以心理训练是足球训练和适应比赛非常重要的环节[2]。队员整个成长过程及每一次的训练和比赛过程的个性心理是复杂的，例如：队员对训练和比赛的兴趣、投入、关注、自信等都一定有很多微妙的心理变化。再如：队员在比赛中变得成熟、稳健、顽强、专注等，很多比赛表现从心理学角度分析，就是一个心理成长和良性发展的结果。重大比赛往往取胜的关键是队员心理状态的调节，所以把心理训练作为专门的一个比赛要素是非常必要的。心理训练的最终目的是使队员在比赛中合理地分配注意力，达到与比赛相适应的心理状态，促使比赛能够有一个稳定的发挥[3]。

（二）心理训练分类方法

心理作为一个独立的比赛基本要素，对于足球训练和比赛的重要作用是不可忽视的。心理训练并不是孤立和专门的过程，心理训练多数情况是与比赛、技战术训练和体能训练等相结合进行的，也就是心理训练要与日常的训练和比赛过程相统一。此外，心理训练具有个性化特点，就是训练是根据每一个队员的心理状态而有针对性地采用措施[4]。心理训练还要有专门的过程，但不是身体操练的形式，主要是采用语言疏导、心理干预、心理测试、举办各种活动（如听音乐、逛街、购物、聚餐）等方法，达到转移注意力、调整心境和控制情绪的效果。心理现象与心理训练是两个不断相互作用的过程，其中包括两层含义，其一是队员的训练和比赛过程包含着一系列复杂的心理现象，其二是训

---

[1] 体育院校成人教育协作组《体育心理学》教材编写组.体育心理学[M].北京：人民体育出版社，1999：2-4.

[2] 体育院校成人教育协作组《体育心理学》教材编写组.体育心理学[M].北京：人民体育出版社，1999：4.

[3] 体育院校成人教育协作组《体育心理学》教材编写组.体育心理学[M].北京：人民体育出版社，1999：7-8.

[4] 马启伟.体育心理学[M].北京：高等教育出版社，1996：12.

练和比赛同时在积极地促进队员心理得到改善和适应。现在对心理状态的诊断方法越来越多样和精密，心理学专家可以通过问卷心理测试、观察和交谈等准确掌握队员的心理状态。

心理训练是队员成长过程中不可回避的问题，作为一种理论探讨需要利用分类方法展现足球心理训练内容的系统构成。心理训练的分类方法有很多，例如：按照处于不同的训练场景划分，可分为训练过程中的心理训练、比赛过程中的心理训练及训练和比赛之外的专门心理训练；按照对心理施加影响的方式方法，可分为干预性心理训练、疏导性心理训练和刺激性心理训练；按照队员训练动力调节系统的划分，可分为动机激发、兴趣培养、态度引导、习惯养成[1]；按照运动心理学的主要研究领域划分，可分为运动技能提高、个性心理培养、比赛竞技状态形成、心理机能养成、适应社会心理、训练动机形成、生涯规划心理等[2]。本著心理训练内容与方法是按照队员心理现象的反映，即从心理过程和个性心理两个方面做心理训练内容的细分，见图7-6。

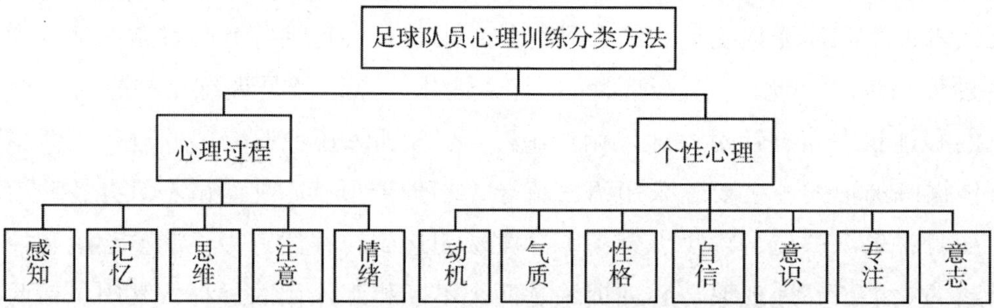

图7-6　按照心理过程和个性心理划分的足球队员心理训练分类方法

[1] 马启伟.体育心理学[M]. 北京：高等教育出版社，1996：80.

[2] 马启伟.体育心理学[M]. 北京：高等教育出版社，1996：20.

第八章 比赛攻守原则

欧美足球发达国家在长期训练实践和科研探索中总结出大量的理论成果，提炼出很多符合足球规律的基本概念、基本理念和基本方法，其中包括比赛进攻与防守原则的内容。本著对比赛攻守原则定义如下：它是足球比赛过程客观规律的反映，是人们在实践和理论研究的基础上而形成的比赛制胜必须遵循的准则。

德国、荷兰和英格兰等国家的足球理论家，都做过对优秀俱乐部球队和国家队的长期跟踪调研，经过对比赛进攻与防守及进球与失球等大量技术数据的统计学分析，推导出足球取胜的一系列基本定式并向世人揭示：任何级别球队的训练和比赛都要遵循比赛攻守原则[1]。这种比赛攻守原则的研究也属于一种比赛模式的探索，是从大量比赛胜负得失的博弈中归纳出来的基本准则，无论是球队整体战术打法还是个人技术运用，只要是采取积极的进攻和防守方式，都一定要遵循这些基本的准则。攻守原则代表着足球正确的发展方向和比赛理念，足球队员从青少年时代就应当培养遵循这些原则的意识和习惯。比赛四个时段是从进攻和防守两个过程细分出来的，由守转攻瞬间及其后的整个进攻过程都要遵循进攻原则，由攻转守瞬间及其后的整个防守过程都要遵守防守原则，进攻原则与防守原则可以辐射和指导球队比赛过程的每一个瞬间，攻守原则与球队战术打法落实及与个人技术运用和战术执行都高度相关。

本章阐述的比赛攻守原则，是综合归纳了国内外多年的研究成果，把诸多

[1] 休斯.足球获胜公式[M]. 杨一民，等译.北京：人民体育出版社，1999：3.

的相关观点做整合处理，从而建立一套完整的比赛攻守原则体系。

第一节　进攻原则

进攻原则是比赛进攻过程客观规律的反映及队员需要遵循的准则，是球队比赛进攻取得主动及获得更多进攻机会的基本要求。进攻原则是从大量的比赛数据和战例分析中归纳出来的符合比赛规律的阐述，是球队在训练和比赛中需要统一贯彻的基本行动标准。以下探讨包括两个主题，即进攻原则概念及其演变和进攻原则的内容。

一、进攻原则概念及其演变

进攻原则的概念及其演变是整体性地介绍进攻原则，通过对进攻原则属性及其发展演变的分析，可以帮助我们进一步理解进攻原则提法的合理性及其重要性。探讨包括两个问题，即进攻原则概念的解读和进攻原则的演变。

（一）进攻原则概念的解读

进攻原则是比赛进攻过程客观规律的反映，是人们在实践和理论研究的基础上而总结出来的球队整体及每一个队员个体都需要遵守的进攻方略和准则。比赛中球队遵循进攻原则是有前提和条件的，其一是进攻一方一定是处于积极追求进球和取胜的状态，如果队员不思进取也就无所谓进攻原则；其二是球队必须有整体统一的意志和良好的训练素养，如果一个球队斗志不足或实力不济也没有办法贯彻进攻原则。进攻原则是经过严格的逻辑推导所归纳出来的进攻基本准则，专家研究发现：任何球队处于正常的防守状态之时，都在各个不同的防守时段或某些瞬间，普遍性地存在带有共性的防守弱点和不足，例如：球队由攻转守瞬间防线拉开距离大、漏洞多。再如：组织整体防守向有球一侧密集会造成另外一侧的防守薄弱等。进攻原则就是针对这些防守问题而确立的。

图8-1为本著归纳的进攻原则，共有六条。六条进攻原则可以覆盖比赛的

所有进攻过程，也就是说，所有的进攻状态都可以从进攻原则中找到有效的指导方略。但比赛中并不是每一次进攻都要逐一遵循每一条原则，比如：由守转攻瞬间需要根据场地区域、队友位置及对方布防等情况的不同，而遵循不同的进攻原则，即便由守转攻处于相同的区域，也会有遵循哪一条进攻原则的优选。还有根据队员个体差异的不同选择，比如：同样的进攻机会对于善于突破和善于传球的队员，其遵循的进攻原则可以是不同的。进攻原则事实上是为所有球队建立了一个合理的进攻基本模式，是比赛要遵循的一般性进攻行为准则。当然进攻与防守永远是既对立又统一的两个方面，进攻原则一定要针对对方防守所处的状态而采用相应的方略。进攻原则具有普遍性的指导意义，但又不是一成不变和牢不可破的铁律。

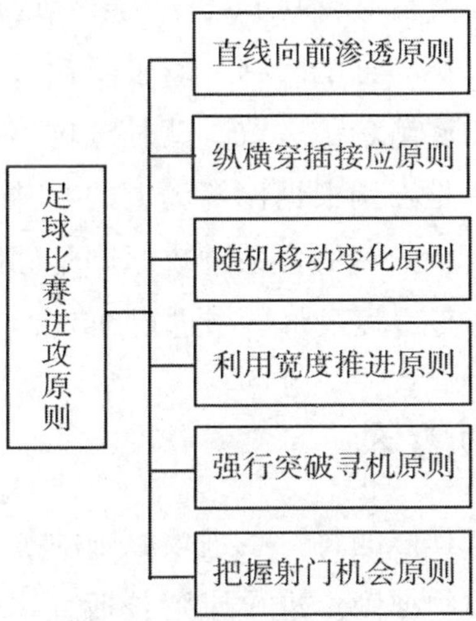

图8-1　六条比赛进攻原则

（二）进攻原则的演变

今天确立的比赛进攻原则经过了长期、缓慢的发展和演变的过程，是一步一步趋于符合实战的要求。若干年前的进攻原则与今天的进攻原则是截然不同的，因为人们每一个时期对进攻的认识和理解是不同的。例如：20世纪80年代初期的第一条进攻原则是“制造宽度”，这与今天追求快速和效率的进攻是不一致的。今天看来，无论是由守转攻的第一点触球还是处于组织进攻过程中，都一定是积极地寻找对方的防守漏洞和空隙，争取第一时间把球攻入对方的防守薄弱区域。现今发动进攻第一原则是讲求实效，制造宽度是展开全面进攻和保证控制球的必要条件，是可以同步完成的。当时全部的进攻原则依次是“制造宽度”“加大纵度”“机动灵活”“应变能力”共四条[1]。80年代及之前欧洲的德国、荷兰、英格兰等国家就是这样认识进攻规律的，对进攻原则寓意的理解和文字阐述都有很多的不足和偏差。

20世纪90年代末期，在亚足联足球教练员培训教材中又出现了新的进攻原则阐述，全部五条进攻原则依次是“深度”“宽度”“突入”“跑动”“隐蔽”[2]，显然，这一套进攻原则强调了进攻的第一选择是把球攻入对方腹地的深度进攻，之后才是第二步的宽度问题。21世纪初又有八条进攻原则的提法，但各种进攻原则阐述正在逐渐趋于一致，就是进攻第一选择是快速和直接向前并直接威胁球门，再有就是强调根据比赛场上的各种不同情况，提倡进攻原则的灵活性和变通性。本著所归纳的六条进攻原则是国际上普遍认可的，基本可以覆盖性地指导进攻的所有过程及每一个进攻细节。

二、进攻原则的内容

进攻原则的内容就是具体的每一条进攻原则的条款，是直接与训练和比赛对接的有关进攻必须遵循的准则。进攻原则包括直线向前渗透原则、纵横穿插接应原则、随机移动变化原则、利用宽度推进原则、强行突破寻机原则和把握射门机会原则。

---

[1] 北京体育大学足球教研室.跟专家练足球[M].北京：北京体育大学出版社，1998：287.

[2] 亚洲足球联合会.亚洲足球教练员C级培训教程[M].北京：人民体育出版社，1999：61-62.

（一）直线向前渗透原则及其解读

1．直线向前渗透原则及其要义

直线向前渗透原则是进攻一方一旦处于积极主动的进攻状态，其第一要务就是发现和利用对方防守的漏洞或错误，力争快速将球向前推进并形成对对方的威胁和压力。其基本要义是：球队在发动和组织进攻过程中，特别是在由守转攻的短瞬时段，只要有向前的机会和可能，持球队员就要以直线传球或快运推进方式，不失时机地把球以最快速度攻入对方防守薄弱和能够形成威胁的区域，形成对对方防守的压力[1]。

2．直线向前渗透原则的解读

进攻原则第一条即代表球队处于进攻状态时的第一要务，其核心意思是不失时机地把球快速推进到更靠近对方球门的防守薄弱区域，但应当注意的是快速不代表盲目。无论是由守转攻瞬间还是组织进攻的过程中，球队都要贯彻和执行这一原则，其目的是创造更利于进攻的机会及形成对对方的压力。很显然，由守转攻的瞬间对方的防守阵线一般拉开较大，防守薄弱点相对较多而利于进攻推进；到了组织进攻阶段对方一般都收缩防守，就需要寻找和创造机会向对方门前推进。执行这一原则需要教练员灌输快速的意识，要通过训练而强化并统一这种快速意识，其中有两个训练要点：一个是由守转攻瞬间的反击意识；一个是控传球组织进攻过程中发现和创造机会的意识。贯彻和执行第一条进攻原则需要具备以下几个条件：第一，全队每一个队员都要建立这种直线向前的意识及相互呼应和提醒；第二，要着力发现和培养具有良好渗透传球意识和能力的进攻组织型队员；第三，要求有1~2名或更多的攻击型队员顶在前点有威胁的区域并做积极的策应移动；第四，要善于抓住对方防守出现的漏洞及进攻向前直传或快运的机会。

[1] 引用2009年以来中国足球协会D级教练员培训讲义的技术分类方法。

（二）纵横穿插接应原则及其解读

1. 纵横穿插接应原则及其要义

纵横穿插接应原则是进攻一旦渗透到对方腹地或对对方具有威胁的区域，进攻方要围绕控球队员，采取前插、横扯、后应等多人同时的行动，以利于保持进攻态势和控球权。其基本要义是：进攻一旦攻入对对方形成威胁的区域，或者在对方腹地截获或抢到球，对方会采用快速紧逼和拼抢，此时进攻方需要围绕控球队员，形成纵向前插、横向拉扯及后方接应的多点策应，以争取创造进一步深度进攻的机会，没有机会也可以稳妥地控制球。

2. 纵横穿插接应原则的解读

进攻原则第二条是进攻推进到对方腹地时所要采取的进攻方略，就是要形成多点同时的策应行动，以争取在保证控球权的基础上进一步地深度进攻。这种围绕控球队员的多点策应，要以创造继续深度推进和加大威胁对方为第一选择。在比赛中进攻一旦进入对对方有威胁的区域，控球队员及其周边的队友都会受到严格的限制，会受到对方的盯防、围堵及抢断等，这一原则要求控球队员周边的队友必须及时采取积极的策应行动，其目的就是保持进攻的态势及控球权。其中后应队员的移动要尽可能靠近控球队员，起到接应和声援作用的同时，保证接应点接球能够保持对对方的压力及更利于与控球队员做传切配合。贯彻和执行这一进攻原则需要以下的条件：第一，处于对方腹地的控球队员具备熟练的个人控球、传球、突破等技术运用及应变能力；第二，控球队员周围的队友要及时以前插、扯动和接应等积极的行动声援控球队员；第三，各种纵横穿插接应要相互呼应、有序及形成默契，控球队员至少要获得一个有效行动的支持；第四，这种局部协同配合行动需要具备良好的训练基础及不断在实战中练习和强化。

（三）随机移动变化原则及其解读

1. 随机移动变化原则及其要义

随机移动变化原则是进攻推进到对方腹地及继续深度进攻之时，控球队员受到限制，周围队友的前插、拉扯和接应也受到钳制，此时要求控球队员随机做出运球变化及插跑移动队员做出移动方向的变化。其基本要义是：当控球队员受到逼压及穿插接应队员受到盯防的时候，都需要随机地做出变化，如前插队员回撤接应，接应队员前插或摆脱，横扯队员前插或回撤等，控球队员则需要根据场上情况随机应变地做控球摆脱及重新寻找机会。

2. 随机移动变化原则的解读

进攻原则第三条是进攻一方队员高超技艺、场上智慧和实战能力的集中体现，就是在对方防守高度严密的局部区域，队员表现出的处理球的创造性和场上位置变化的灵活性。进攻越是靠近对方球门，进攻的控球队员和策应队员也越受到对手严密的盯防，进攻的时间和空间都会受到严格的限制。这一原则主要体现队员处于对方严防中的训练素养，就是要求控球队员具备即兴发挥的创造力，要求无球队员具备连续移动变化意识及善于发现和利用机会的想象力，也要求进攻队员之间具备默契配合的能力。所以贯彻和执行这一原则需要达到更高的要求：第一，发现和早期培养能够深入对方腹地并具备洞察能力和创造性的天才队员；第二，有意识地、有针对性地让队员在实战练习中更多地完成各种应急技术和随机灵活跑位变化；第三，随机应变能力的培养需要长期在比赛实战中反复强化和积累经验；第四，教练员要精心挑选队员做合理的不同类型队员的组合与搭配并要经过长时间的训练磨合。

（四）利用宽度推进原则及其解读

1. 利用宽度推进原则及其要义

利用宽度推进原则就是比赛一方处于进攻状态时，两侧边路队员要利用场地宽度充分拉开而形成利于向前推进的进攻面，组织进攻可以通过边路向前，中路深度进攻受阻则可以利用边路加大进攻深度。其基本要义是：进攻最直接和最有威胁的路径是中路，但边路是防守力量相对薄弱的地带，边路进攻也是有效达到进攻目的的手段，比赛中无论是组织进攻还是加大深度的推进都可以利用边路。中路进攻受阻时利用边路前插和中转边推进的保持攻势是非常重要的，应当避免轻易回传而减小对对方的压力。

2. 利用宽度推进原则的解读

进攻原则第四条是强调利用场地宽度而铺开进攻面的大局意识，也强调在中路进攻受阻之时，应当利用场地宽度继续推进。遵循这一原则就要培养边路队员的拉开站位和边路接应意识，而现今的边路推进要求边路队员具备内切和向中路突破的意识和能力。前三条进攻原则分别是进攻组织、进攻推进及深度进攻三个过程所要遵循的原则，利用宽度推进原则则基本辐射整个进攻过程，包括整体进攻从后场、中场到前场的深度推进。利用宽度推进还包括中转边、边转中、边转边的转移进攻的内容，建立宽度意识利于球队找到最有利于进攻的突破点。当然利用宽度很重要的一点是要培养边路队员运球突破、快速推进及最后的传球和射门能力，要了解现今高水平比赛进攻的中边结合及边路进攻的特点。贯彻和执行这一进攻原则需要具备如下的条件：第一，培养队员建立宽度意识和整体多点进攻的大局观；第二，培养边路队员利用场地宽度的拉开意识、边路前插和内切意识及中路队员利用边路进攻的意识；第三，培养边路队员及参与边路进攻队员的边路进攻技能，包括各种边路插上、边路突破、传中及突破射门等技术特长；第四，进攻从外围组织到深度推进的每一个进攻递进过程都与利用场地宽度密切关联，利用宽度推进原则要与其他进攻原则相结合。

（五）强行突破寻机原则及其解读

1. 强行突破寻机原则及其要义

强行突破寻机原则是进攻推进到威胁对方球门的敏感区域或处在有效射程范围，控球队员必须抓住时机并敢于冒险地采取个人突破或配合突破而寻求射门机会。其基本要义是：比赛中出现逼近对方球门的机会不多，一旦出现机会就要一往无前，此时需要有敢于冒险的精神，也需要巧妙地利用同伴的策应及对方防守的漏洞实施个人突破或配合突破，即便没有同伴策应或存在困难，也要坚持实施突破行动而不可轻易放弃机会。

2. 强行突破寻机原则的解读

进攻原则第五条主要是强调进攻队员在处于对方门前最后一道防线之时，提倡采取大胆冒险的突破行动，而不可以轻易丧失难得的机会，当然冒险也需要胆大心细。这一原则综合反映锋线队员及其他队员处于对方门前的比赛素养，一方面是要有最后冒险绝杀的意识和意志品质，控球队员要有以我为主的自信，所谓敢于冒险不是简单盲目的大胆，而是要以缜密观察和发现对方弱点为前提，而且还需要勤于思考和积累比赛经验。另一方面则是要培养处于对方门前之时所需要的各种接控摆脱、突破、连续突破及配合突破的技能，培养队员利用同伴跑位牵制而抓住短瞬机会的能力。这一原则的把握主要依靠在对方门前控球机会较多的前锋或前插的前卫队员，是一种瞬间决策和把握机会的能力。贯彻和执行这一进攻原则需要具备如下条件：第一，物色和挑选心理素质优秀的在对方门前有防守队员盯防情况下能够应对自如的队员；第二，培养面对对方最后一道防线敢于冒险的意识和强化培养对对方门前环境的心理适应能力；第三，采用专门的重复训练来强化队员处于靠近对方门前狭小空间的个人突破和配合突破的技能；第四，特别培养队员在对方门前的主动抢先意识及利用假射和假传摆脱突破的意识和能力。

（六）把握射门机会原则及其解读

1. 把握射门机会原则及其要义

把握射门机会原则是进攻推进到对方门前有效射程内出现射门可能的瞬间，能够克服困难把握短瞬机会而完成有效射门，把握射门机会是高水平球队必备的素养和取胜条件。其基本要义是：一场比赛往往只有为数不多的可以完成射门的瞬间机会，而在有效射门区域对方肯定是防守密集并堵抢迅速，射门的时间和空间受限，多数情况技术难度较高，而射门是整个进攻过程取得进球的最后一击，比赛中一旦出现机会就必须抓住而不可错失。

2．把握射门机会原则的解读

进攻原则第六条是球队对比赛中最重要和关键一个环节的把控问题，整个比赛进攻都是以射门得分为目的的。现在比赛防守方在门前必然是层层设障和积极拼抢，进攻队员获得射门机会越来越难且稍纵即逝，即便是前锋队员也难得有几次直接面对守门员和球门的机会，而且出现机会也会因为时间和空间限制而要求瞬间即兴完成技术，往往没有技术准备过程且要求完成技术的难度高和有危险性，所以射门一直以来被称为世界性难题。把握射门机会也是队员临门一脚的技术问题，现今足球比赛门前机会把握越来越难，对优秀射手的技术要求也越来越高。从比赛整体战术设计及射门对于球队的重要性角度看，把握射门机会又是一个必不可少的进攻原则问题。贯彻和执行这一原则需要具备如下的条件：第一，球队要长期和系统地进行各种射门基本技术及各种比赛场景下的得分能力的训练与强化；第二，球队得分手必须具备很好的门前嗅觉和得分天赋，前锋队员天赋往往后天难以培养，更重要的是发现人才；第三，作为射手不仅需要具备良好的心理素质，还要具备应变意识、门前灵感和果敢冒险的勇气；第四，球队比赛过程中的射门机会把握需要做有针对性的专门套路训练和一些特殊的设计和安排。

第二节　防守原则

防守原则是足球比赛防守过程客观规律的反映及队员需要遵循的基本准则，是球队比赛中稳固防守及取得防守主动的基本要求。防守原则同样是从大量的比赛数据和战例分析中归纳出来的符合比赛规律的阐述，是训练和比赛中教练员需要贯彻和执行的基本标准。以下探讨包括两个主题，即防守原则的概念及其演变和防守原则的内容。

一、防守原则概念及其演变

防守原则的概念及其演变是整体性地介绍防守原则及其发展演变的过程，通过对防守原则属性及其发展演变的分析，可以帮助我们更加深入地理解今天的防守原则提法的合理性及其重要性。以下探讨包括两个问题，即防守原则概念的解读和防守原则的演变。

（一）防守原则概念的解读

防守原则是比赛防守过程客观规律的反映，是人们在实践和理论研究的基础上总结出来的球队整体及每一个队员个体都需要遵守的防守方略和准则。一支球队做到很好地贯彻防守原则并不是轻而易举的，需要教练员长时间耐心灌输防守的理念与方法，需要队员具备良好的训练基础和素养，还需要队员能够以饱满的精神投入到比赛防守状态。防守原则基本是与进攻原则呈相互对应的关系，是对应着进攻原则和按照防守过程一般规律所归纳的防守基本准则。球队从由攻转守的瞬间开始为了有效地限制对方的进攻，每一个防守环节都需要遵循一定的防守策略，目的就是发挥本方的防守优势而制约对方的进攻优势。对方采取何种具体的进攻策略与方法是很难预知的，但作为防守只要遵循基本的防守原则就可以有效地抵御对方进攻。例如：对方由守转攻必然要采取快速向前的进攻，此时丢球队员或就近队员就要采取第一点反抢和封堵。再如：有球一侧防守密集情况下必然出现远端防守的松动或空当，此时防守就需要远端队员的合理站位和保护空当等。

图8-2是本著归纳的与进攻原则相对应的六条防守原则，同样，六条防守原则可以全覆盖地指导比赛的所有防守过程，比赛过程的每一个防守瞬间都可以从防守原则中找到基本的指导方略。防守原则虽然与进攻原则一一对应，但贯彻防守原则不同于进攻原则的灵活性，而是有一定的刚性。例如：在执行进攻原则第一条直线向前推进的时候，遇到反抢或封堵则可以临时改变推进的行

动；而执行防守原则第一条快速反抢延缓的时候，则是刚性和不可改变的。再如：球队从前场开始的完整防守过程，不管是采用何种防守战术打法，都需要一条一条地执行防守原则，而进攻则不同。一般所说的防守训练相对容易，而进攻训练相对较难，原因就在于防守过程相对比较固化，而进攻过程则要体现随机性、灵活性和多变性。当然贯彻防守原则也会有很多的细节差异和不同变化，比如：采用龟缩防守时不需要执行局部协同围堵原则等。防守原则是为所有球队建立的一个合理的防守基本模式，是训练和比赛要遵循的一般性防守行为准则，防守原则既具有普遍性的指导意义，也具有一定的刚性。

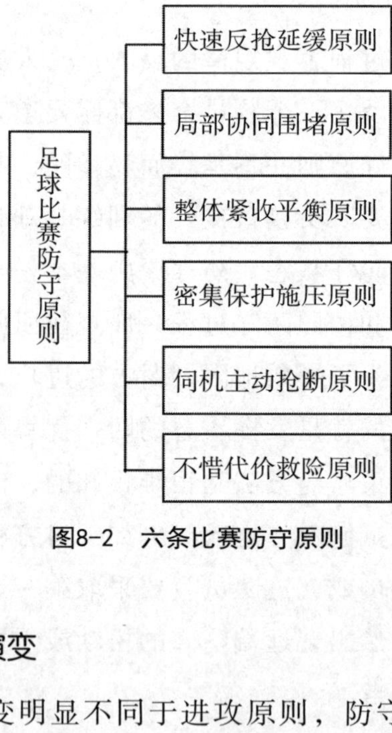

图8-2　六条比赛防守原则

（二）防守原则的演变

比赛防守原则的演变明显不同于进攻原则，防守原则发展到今天其主要内容虽然也有增加和调整，但基本内容架构变化不大。现在人们对防守问题的认识显然更宏观和细化了，例如：压迫式防守被细分为高位压迫、中场高位压迫、中场低位压迫、后场压迫等。但如前所述防守原则在基本架构上，过去与今天还是趋于一致的。例如：20世纪80年代中后期的第一条防守原则是“延缓进攻”，与今天的第一条原则的寓意基本一致，当时全部的防守原则依次是“延缓进攻”“对口平衡”“收缩保护”“紧盯控制”共四条[1]。以上四条防守原则也同样与今天的防守原则趋于一致，只是现在增加了“局部协同围堵”和“不惜代价救险”两条。早期的防守虽然也有前场的高位局部围堵，但没有像现在这样被上位为独立的原则及要求更加细化。当时防守第一原则的目的是阻截对手反击和延缓快攻，还没有上升为高位压迫的战术和强调反抢成功率，更没有形成前场高位的防守体系。20世纪80年代以前欧洲各国对防守的认知显然还很局限，防守原则体系也有很多的不足。

20世纪90年代末期，在亚足联足球教练员培训教材中所阐述的防守原则共六条，依次为“延缓”“深度”“集中”“补位”“平衡”“控制”[2]，这一套防守原则与其进攻原则也是基本相对应的，但比同时推出的进攻原则多一条，也仍然缺少“局部协同围堵”和“不惜代价救险”两条的内容。其中在第一条“延缓”的基础上增加了局部协防保护的“深度”，而之后的“集中”“补位”“平衡”“控制”等基本可以融入今天的防守原则体系，而且“补位”一条已经没有必要作为一条专门的原则。近几年欧洲足球发达国家和国际足联都推出新的防守原则阐述，而且观点基本趋于一致，本著所归纳的六条防守原则是国际上普遍认可的，基本可以覆盖防守的所有过程及每一个防守细节。

二、防守原则的内容

防守原则的内容就是具体的每一条防守原则的条款，是直接与训练和比赛相对接的有关防守必须遵循的准则。防守原则包括快速反抢延缓原则、局部协同围堵原则、整体紧收平衡原则、密集保护施压原则、视机主动抢断原则和不

[1] 全国体育学院教材委员会.足球[M]. 北京：人民体育出版社，1994：165.

[2] 亚洲足球联合会.亚洲足球教练员C级培训教程[M]. 北京：人民体育出版社，1999：63-64.

惜代价救险原则。

（一）快速反抢延缓原则及其解读

1．快速反抢延缓原则及其要义

快速反抢延缓原则是由攻转守时，丢球队员或离球较近的防守队员要迅速反抢，争取第一时间夺回控球权，最差也要封堵对方第一点进攻，阻截和延缓对方的快速进攻。其基本要义是：本方进攻过程中一般阵线拉开较大，防守薄弱点和漏洞较多，迅速反抢成功则可以继续推动进攻，反抢不成也可以延缓对方的快攻，特别是限制长传和直传，可以为本队的防守阵型收缩争取时间，以避免因为进攻时战线拉开而被对方反击受到威胁。

2．快速反抢延缓原则的解读

防守原则第一条是由攻转守时要求丢球队员和就近防守队员快速实施反抢行动，主要目的是封堵对方的第一点进攻，避免对方采用直传和长传的反击。由攻转守时快速的角色转换和反抢行动迅速，是任何有训练素养的球队必须做到的。执行快速反抢延缓原则有几个基本的要点：一个是就近反抢，就是要求离球最近的防守队员实施反抢；一个是反抢动作要果断、迅速，这是一种迅速做出条件反射的专业性要求；还有一个是反抢要使对手感受到被抢的压力和紧迫，以造成对方失误而直接抢断发动进攻。快速反抢延缓是个人技术行为，但却是整体防守重要的第一步，是执行后续防守原则的必要前提，也为接下来形成有序的防守层次创造了条件。贯彻和执行这一防守原则需要具备以下的条件：第一，建立整体的由攻转守第一时间的反抢意识和纪律，反抢不仅是封堵第一点进攻，还包括抢夺、追抢和协同的意识；第二，专门进行各种丢球瞬间个人反抢、二人夹抢的技术训练，培养正确和合理的反抢习惯及基本反抢技术能力；第三，结合真实比赛场景训练反抢的移动线路与抢堵方向，使反抢与局部协同围堵及整体防守相衔接；第四，反抢行动要与就近队友相互呼应，利用队友位置或站位而形成对对方控球队员的压力和提高反抢效果。

（二）局部协同围堵原则及其解读

1. 局部协同围堵原则及其要义

局部协同围堵原则是由攻转守时就近防守队员实施反抢和封挡行动的同时，相邻的队友须采取协同行动围堵控球队员，并封堵传球路线和保护反抢队友，形成局部区域的防守人数优势。其基本要义是：任何个人的防守行动都容易变得低效，第一点反抢行动需要有局部团队呼应的协同行动，形成对对方控球队员的围堵和封锁传球路线，在形成局部防守人数优势的基础上实施对控球队员的夹抢或围抢，以给对手更大的压力及使其忙中出现技术失误。

2. 局部协同围堵原则的解读

防守原则第二条是与第一点反抢差不多同时进行的局部团队协同行动，是对反抢队员的支援及形成局部的防守人数优势并实施夹抢和围抢。这种由攻转守瞬间局部的协同围堵行动，是现今足球比赛一种主动和积极的防守战术打法。由于个人单独的反抢行动往往是低效的，而采取局部协同围堵及夹抢和围抢则有很高的成功率，人们意识到局部协同配合的围堵和抢球行动是更为有效的防守战术，进而逐渐上升为整体的防守原则之一。当今的高水平顶级球队几乎无一例外地采用这种局部协同围堵的防守行动，足可见这一防守原则已经受到重视。贯彻和执行这一原则一般需要具备如下的条件：第一，球队需要建立统一的集体防守理念及局部协同围堵的团队行动意识；第二，有针对性地进行3~5人的丢球反抢与局部协同围堵的训练，包括不同场区情况下的反抢与围夹人员的层次与布控的训练；第三，丢球瞬间的反抢及同步协同围堵行动必须快速，参与人员的行动要高度协调一致和形成默契；第四，反抢、围堵、夹抢和围抢等行动的统一和高效，需要技术练习过程和长期比赛经验的积累。

（三）整体紧收平衡原则及其解读

1. 整体紧收平衡原则及其要义

整体紧收平衡原则是在由攻转守的防守队员实施反抢和局部协同围堵的同

时，整体防守要按照位置分工的要求，阵型由进攻时前压和拉开状态迅速变为收缩和密集的状态，保证防守人数对等或处于优势。其基本要义是：比赛中由攻转守之后处于防守的相持状态之时，处于里线的防守人数要占据优势，整体的防守阵型要保证处于收缩和密集的有利于防守的状态，每一个防守队员回到自己对应的防守位置，形成合理的防守阵型。

2. 整体紧收平衡原则的解读

防守原则第三条主要是强调整个球队要在快速形成阵型收缩和人员密集的同时，队员分布要按照防守位置对号入座。这一原则强调的是球队防守进入相持阶段的时候，要保证防守的人数优势和阵型的收缩与里线站位，反映的是由攻转守之后的整体防守布阵的形成过程。防守的阵型收缩和防守人数与对方的对等或形成优势，是组成坚固防线及变被动为主动的前提，任何球队的防守如果防线拉开过大或不能形成人数的优势，就必然会出现防守力量的不足和漏洞，很容易陷入防守的被动。贯彻和执行这一防守原则一般需要具备如下条件：第一，队员良好的体能基础及在疲劳状态下坚持的精神，每个队员都要有防守回收到位的意识和意志；第二，要求队员建立由攻转守快速转换的意识和防守回收到位的行为习惯；第三，在防守紧收到位的情况下要给对方以压力，形成扩大防守范围的张力，不一定全部回到里线站位；第四，对全队每一个队员的防守站位和抢球移动都要提出具体要求。

（四）密集保护施压原则及其解读

1. 密集保护施压原则及其要义

密集保护施压原则是在整体防守阵型紧缩和防守人数占优的前提下，队形要向有球一侧密集，防守队员之间形成合理的协防保护，对对方持球队员及其附近区域要形成防守密度并逼近和压迫对手。其基本要义是：防守需要在有球一侧形成合理的人员密集和相互之间的有效保护，以在同伴抢球失误时能够及时补位和重新布阵，密集的目的是要为主动抢球及夺回控球权做准备，一旦形成防守优势和合理布控就要主动积极地靠近和逼压对方。

2. 密集保护施压原则的解读

防守原则第四条是在防守达到人数平衡之后的进一步深入的防守行动，是采取主动性防守抢球之前的布控准备的环节。足球比赛取胜的前提是多进球和少失球，所以防守即便在整体防守处于人数优势或平衡的前提下，仍然重视团队协同防守行动而不能个人盲目上抢，防守行动需要在稳妥保护和首先不失球的前提下，再追求防守的主动和抢球成功率，密集保护施压原则反映的是防守相持阶段形成整体防守之后，为实施抢球行动所做的缜密和稳妥的防守布控行动。贯彻和执行这一原则需要具备以下的基本条件：第一，球队整体阵型收缩到位并形成人数的相对优势，形成与对方相持的状态；第二，要以整体合理的布局和位置职责分工为前提，包括后卫要形成平行站位并作为球队整体站位的坐标，其他位置队员交错站位形成防守网络；第三，在有球一侧必须形成防守密集并形成一定的防守层次和形成对向前逼压队员的保护；第四，防守收缩站位、形成密集及相互的协防保护，包括逼压时机、人数及每一个人各自的责任担当，都需要有分工及训练的强化。

（五）伺机主动抢断原则及其解读

1. 伺机主动抢断原则及其要义

视机主动抢断原则是指在整个防守过程中只要出现有利机会或对方技术失误，都要采取坚决的抢断行动，而在本方形成防守密集和协防保护的情况下，则要积极地向对方施压而采取主动的抢断。其基本要义是：防守一方在整个防守过程中始终要警觉地观察，一旦对方出现技术失误或者本方形成了防守密集和协防保护，就要不失时机地采取抢断和围夹的防守行动，而且在防守人数占优和形成有利机会的时候，提倡主动和积极的逼压和抢断行动。

2. 伺机主动抢断原则的解读

防守原则第五条是贯穿于整个防守过程始终的对防守队员主动和积极抢

断的要求，是强调防守队员要有意识地靠近对手和主动出击。前边四条防守原则是依次由前场反抢开始的有序的防守过程，是处于各个不同防守阶段所要遵循的防守准则。但比赛中的任何防守阶段或瞬间，对方都可能出现技术失误而形成有利于抢断的时机，所以这一原则是强调防守时自始至终都要注意观察、发现及预判可能出现的抢断机会，随时随地实施主动的抢断。主动抢断显然是重新获得球权的主要途径和必要手段，对方失误也往往是在一定的防守压力之下，所以防守需要积极地接近对手和采取主动的逼压，而且主动逼压行动应当避免盲目和个人行为。贯彻和执行这一原则一般需要具备如下的条件：第一，全队要统一灌输由攻转守之后或球队处于防守状态时的对对方的观察和预判意识，一旦对方出现技术失误就要快速形成防守抢断；第二，防守抢断一定要在稳妥或抢断失误不会威胁到己方球门的前提下，所以需要把握抢断时机；第三，整体收缩和形成密集保护之后主动抢断需要正确的站位和熟练的防守技术，也需要形成防守队员的封堵、呼应的配合行动；第四，比赛中出色完成主动的断抢，需要具备良好的技术及经过大量的强化训练，需要几个队员之间的协同和默契。

（六）不惜代价救险原则及其解读

1．不惜代价救险原则及其要义

不惜代价救险原则是球队以最大努力进行防守还会被对手突破防线或抢断失误，在面对最后一道防线失陷或在门前受到射门威胁时，队员须不遗余力地阻截对手射门以解救门前危机。其基本要义是：任何防守在遇到强劲对手时仍然难免出现防守失误，防守一旦出现门前险情或潜在危机，防守队员必须以不惜一切代价的精神全力阻截进攻或阻止射门，包括采取铲球、鱼跃冲顶、倒钩等救险的技术，甚至不惜付出战术犯规的代价。

2．不惜代价救险原则的解读

防守原则第六条是比赛中本方球门出现险情时防守队员的行动准则，就是必须有坚毅和勇于担当的态度及具备救险的技术能力和果敢精神。足球比赛不同于其他体育项目，往往胜负就在一个进球，晋级或出局就在分秒毫厘之间，所以球队对球门的保护和门前救险是原则性的措施，对于门前的险情和可能造成威胁的射门必须有不惜代价救险的精神。不惜代价救险一直以来是所有的球队都在贯彻的防守原则，只是原来没有把它上升到防守原则体系之内，防守本身是一个系统的构成，一个完整的防守过程自始至终都需要遵循一些规律性的法则，把不惜代价救险列入防守原则体系也使得防守原则体系更加完整。贯彻和执行这一防守原则需要具备以下的基本条件：第一，提高全队的门前救险意识和加强相应的专门技术训练，以保证每个队员都能在关键时刻挺身而出；第二，一些救险技术有一定的难度和风险，也与场上位置有很大的相关性，训练需要有重点地培养一些队员专门的门前防守技术和救险能力；第三，通过各种比赛场景设计和专门手段强化队员在危急时刻的果敢救险能力；第四，注意培养守门员和防守组织核心队员，能够指挥整体防守并在门前救险的关键环节体现局部队员之间的协同配合能力。